Le lendemain,
elle était souriante...

Du même auteur

AUX MÊMES ÉDITIONS

**La nostalgie n'est plus
ce qu'elle était**

*1976
collection « Points-Actuels », 1978*

Simone Signoret

Le lendemain,
elle était souriante...

Éditions du Seuil

EN COUVERTURE : photo Ève Arnold.

ISBN 2-02-005750-6.
(ISBN 1re publication : 2-02-005258-X).

© ÉDITIONS DU SEUIL, 1979.

à Maud Begon.

C'est Maud qui avait décidé du numéro 17 329 et de la place qu'il allait occuper pendant un peu plus de huit semaines sur l'avant-bras de la fausse rescapée d'Auschwitz, et c'est Maud, la vraie rescapée de la forteresse de Compiègne, de Ravensbrück et de Zwodau qui l'a dessiné bien soigneusement tous les matins.

Elle seule, entre nous tous, savait que Madame Rosa, déportée en 1942, entrait forcément dans le troupeau de ceux et de celles dont la seule identité serait désormais et à tout jamais un numéro dont les deux premiers chiffres ne pouvaient être que seize ou dix-sept... mille. Pour les trois autres qui suivaient, elle alla au plus simple, elle me donna la fin du sien qui sans être tatoué sur sa peau l'est à tout jamais dans sa mémoire, comme il est cousu sur sa robe rayée de bagnarde : le trois cent vingt-neuf.

Pour que 17 329 soit bien crédible et bien lisible à la

caméra, il fallut choisir un crayon bleu. Dans la boîte à magie et à malice d'une chef maquilleuse, il y a plein de petits tiroirs qui contiennent tous des trésors. Des fonds de teint différents suivant qu'ils vous pâlissent, vous nacrent ou estompent le double menton, des pinceaux de toutes tailles et de tous poils, des faux cils qui dorment les yeux ouverts dans leurs écrins de plastique transparent, des roses à joues qui sont souvent des orange, et des fards à paupières qui vont du mauve lilas au vert jade, et des crayons... les crayons les plus durs, les plus friables, les plus gras, dans tous les coloris imaginables, même dans des blancs différents. Ils ont tous une mission bien précise. Les rouges dessineront violemment les contours d'une lèvre inexistante, et vous transformeront en Carmencita, les noirs les bruns les verts les bleus les gris sont plus spécialement chargés de l'amélioration du regard... quant aux blancs, astucieusement passés sur l'intérieur de votre paupière inférieure, ils doivent en principe vous agrandir votre blanc à vous, enfin celui de votre œil. On le voit, tout est prévu dans les petits tiroirs de la boîte à malice. Tout sauf le crayon « bleu Auschwitz ».

Maud choisit trois crayons bleus. Sur le dos de sa main elle traça trois traits. « Trop clair celui-là, trop franc celui-là, trop marine celui-là... », dit-elle. Elle savait. Elle savait exactement ce qu'elle cherchait. Elle cherchait une couleur qui n'existe pas, parce que c'est une couleur qui en est devenue une autre à force de vieillir sur la peau, et avec la peau. Elle la revoyait dans sa mémoire cette encre fraîche bleu-violet des années 1940-1945, c'était celle-là qu'il lui fallait trouver d'abord, après elle la travaillerait pour l'amener jusqu'en 1977. Tout cela se passait dans le silence. A part le « trop clair, trop marine, trop franc » qu'elle avait murmuré pour elle-même, elle ne me communiquait pas ses pensées. Je les suivais cependant et, parce que je les suivais, je ne voulais pas en interrompre le cours, je ne voulais pas me mêler de ce qui ne me regardait pas et, pour tout dire, j'avais honte. Ce n'était pas une sensation nouvelle pour moi, par rapport à Maud. Je l'avais déjà ressentie pendant le tournage de *l'Armée des ombres* de Melville, quand elle me préparait le matin à être devant la caméra la grande Résistante Mathilde qui était à peu de chose près ce qu'elle avait été pour de vrai dans sa vie. Quand je dis qu'elle me préparait, j'entends me « maquillait », me « fardait », si vous voulez, me « grimait » si vous êtes plus vieux, m'arrangeait quoi ! pour faire de moi une Mathilde plaisante à l'œil du chef opérateur. Déjà, à cette époque, et ça remonte à dix ans bientôt, j'avais eu un peu honte. En rigolant un matin, au moment des faux cils, je lui avais demandé si elle s'en mettait aussi, des faux cils, avant de partir en mission et si le jour où elle s'était fait piquer à Clermont-Ferrand, elle et son réseau, elle

11

s'était retrouvée à la Gestapo avec de beaux faux cils sur les paupières. « Non », m'avait-elle répondu, et comme j'avais les yeux fermés je ne pouvais pas savoir si elle souriait.

Ce matin-là, celui de la première journée de la vie de Madame Rosa, c'était différent.

Il s'agissait d'un avant-bras, pas d'un visage. D'un avant-bras qui ne jouerait que très fugitivement dans le film. Madame Rosa ne porte pas de manches courtes. Cet avant-bras serait rarement découvert. Mais le 17329 j'en avais besoin sous ma chemise de nuit et le tricot qui la recouvrait.

Et Maud avait besoin que 17329 ressemble à un vrai 17329.

Tout d'un coup, avec une espièglerie qui ne cessera jamais de nous étonner (quand je dis « nous » je pense à tous les gens qui travaillent avec elle et moi depuis des années), elle se souvint que dans la « cantine » qui était dans la malle arrière de sa voiture se trouvait LE crayon qui allait faire l'affaire. Dans la cantine vert bouteille de Maud, on trouve un mélange très pittoresque de choses apparemment inutiles mais néanmoins indispensables au cas où... Des postiches, au cas où le metteur en scène inventif déciderait tout d'un coup que le consommateur muet assis à la table là... ferait mieux dans le paysage s'il était barbu. Des flacons de beau faux sang (d'importation italienne, c'est le meilleur sang du cinéma mondial), au cas où la petite querelle prévue au scénario se transformerait en vraie bagarre. Des paillettes et des poudres dorées au cas où la jeune-étudiante-timide portée sur la feuille de service se verrait remplacée brusquement par la jeune-hippie-aguichante. Des petites bouteilles d'un liquide mystérieux à vous faire pleurer, au cas où l'émotion, la vraie, se ferait attendre dans la grande scène de rupture... Des embrocations et de l'argile, au cas où quelqu'un sur le plateau se foulerait quelque chose. Sa rosette de la Légion d'honneur, au cas où elle aurait des démêlés avec la maréchaussée pour cause de mauvais stationnement... Des pâtes à mode-ler des excroissances de chair, des kilos de coton, des bandes Velpeau, au cas où on rajouterait une scène d'hôpital... et LE crayon.

Il n'avait pas l'aspect élancé des autres crayons bleus qu'elle avait testés sur le dos de sa main. Il était obèse, enrobé de bleu roi, chapeauté de rouge sang-de-bœuf. Il ne portait pas la griffe des grands faiseurs de la maquille, il avait l'air de revenir de très loin, d'une loge de clown ambulant des années trente, ou d'être le compagnon des vieux bâtons « Leichner » qu'on trouvait encore dans les valises de fibrane qui servaient de trousses à maquillage aux premiers vieux assistants-maquilleurs russes blancs que je rencontrais à mes débuts... Justement, en 1942.

D'où venait-il vraiment ? Je n'avais jamais pensé à le demander à Maud. Pourquoi l'avait-elle mis au

rancart, ou plutôt à la banque, dans la cantine-au-cas-
où ? Je ne le lui ai pas demandé non plus. Elle le tailla.
Les petits copeaux bordés de ripolin bleu roi tom-
baient sur le Kleenex, et la mine réapparut. Elle était
bleue, grise, mauve, et n'avait rien à voir avec la
couleur de son emballage. Elle était parfaite. Elle
était une bonne tatoueuse de matricule.

17 329 s'installa sur mon avant-bras gauche pour la
durée du tournage, se fit poudrer d'abord, et humec-
ter ensuite, puis repoudrer pour acquérir cette patine
que Maud recherchait. Elle était très contente Maud,
c'était bien ça. Tous les matins, 17 329 fut traité de la
même façon, d'abord ravivé, puis un peu arrosé, et
enfin terni. Il finissait par s'imprimer pour de bon. La
loge fleurait la poudre de riz, le vernis à ongles, le
bigoudi qui refroidit et le tabac blond. 17 329 dispa-
raissait sous la manche du peignoir que je rabaissais,
et c'est à ce moment-là que j'entendais la musique. Ce
n'était pas un air que j'entendais, c'était un mélange
de saxophone et de violon, domestiqué à coups de
cymbales et de grosse caisse, j'avais même le temps
d'entrevoir une baguette de chef dans la main de
quelqu'un et, au moment où la manche allait atteindre
le bord de mon poignet, j'avais droit à quelques notes
du french cancan. C'était inexplicable. Je n'essayais
pas de me l'expliquer. Ça revenait tous les matins. Ou
peut-être ai-je fait revenir « ça » tous les matins.
Comme on fait avec certains rêves familiers. Mais

14

avec les rêves ça ne marche pas toujours, tandis que là, dans la loge, tous les matins, vers 11 heures et demie j'étais la patronne, je pouvais commander, pendant ces quelques secondes, et m'offrir ces sons et ces images dont je savais bien qu'un jour, plus tard, je comprendrais pourquoi je les entendais et les voyais.

Aujourd'hui je sais.

Le saxophone, le violon, les cymbales et la grosse caisse, et la main qui tient la baguette, et tout le corps, et même le visage en gros plan, c'est l'orchestre de Theresienstadt. Je l'ai revu il y a huit jours ce document que j'avais vu il y a plus de vingt ans. Theresienstadt avec sa bibliothèque, son théâtre, ses jardins et son orchestre, et ses déportés joyeux, souriant aux caméras de Goebbels, installées pour quelques jours dans ce faux décor pour tourner ce faux film avec des figurants qui seraient gazés une fois le tournage terminé. Je l'ai revu ce document avec tous les autres dans *le Monde en guerre*[1], justement cette semaine où Hitler a sa couverture dans *Match* et dans *l'Express,* cette semaine du mois d'août de l'été pluvieux de 1977. « Theresienstadt »,... je la tenais ma moitié d'énigme, celle-là ne me tracasserait plus. Elle était horrible mais, au moins, je savais d'où elle venait.

1. Emission de la BBC qui est passée dans le monde entier aux heures de grande écoute, et en France, au mois d'août 1977, à 14 heures...

Le french cancan, ça ne pouvait pas être horrible...
ça devait être gai quand même! Ça allait bien me
revenir aussi.

Ça m'est revenu.

Ce n'est pas horrible. Ce n'est pas gai, gai, gai, non
plus.

Je l'ai revue la gigantesque grisette 1830, habillée de
taffetas bouton-d'or, surmontée d'un immense cabrio-
let de velours framboise à brides de satin noir, jouant
de l'éventail, mi-entraîneuse mi-attraction, dans cette
minable boîte de nuit rougeâtre au premier étage du
Carrefour de l'avenue du Maine. Elle froufroutait et
parlait fort, tandis que sur la toute petite piste quatre
gamines faisaient à elles seules toutes les figures du
cancan. Elle les aidait au moment du grand écart en
poussant plus fort qu'elles des « youuou » un peu
voilés. Il devait être 4 heures du matin, et c'était
l'apothéose d'un spectacle dont je n'ai jamais su à
quoi ressemblait son commencement. C'est par hasard
que j'étais là, dans cette salle aux trois quarts vide, et
c'est par hasard, quand la grande Mimi-Pinson m'a
frôlée à un moment donné, que j'ai pu distinguer le
numéro mal dissimulé sous le maquillage qui s'usait
sur un avant-bras noueux et rasé de la veille.

Il s'appelait Lucien, Jacques ou Paul, je ne m'en
souviens plus ; il fit son entrée dans la brasserie du rez-
de-chaussée, suivi des quatre gamines. Il était soigneusement démaquillé, portait un complet croisé

16

noir aux épaules rembourrées et une chemise mauve à col ouvert. Les gamines dans leurs petits manteaux bleu marine et gris avaient l'air d'écolières délinquantes. Elles avaient enlevé le plus gros du fond de teint et gardé « les yeux ». Ils s'assirent tous les cinq à une table et commandèrent des sandwiches et du café. « Ils attendent leur premier métro », dit Olga qui était à notre table où elle avait pris l'habitude de s'installer depuis notre premier matin au *Carrefour*. C'était le deuxième. Nous étions des vieux habitués, et c'est la raison pour laquelle Olga, en me donnant un grand coup de coude, répéta : « Le premier métro, tu te rends compte... les cons. »

Olga était pute, et fière de l'être. A l'entendre, elle avait fait l'ouverture et la fermeture du *Sphynx*. La fermeture en question datait de quelques semaines, elle ne s'en consolait pas.

Le *Carrefour*, à première vue, de l'extérieur, était une grande brasserie comme on en trouve aux alentours des gares. On y servait à manger et à boire jusqu'aux premières heures du jour, et même peut-être après, sans discontinuer, je ne l'ai jamais su. Le *Carrefour* était flambant neuf ; non il était neuf et flamboyant plutôt, ruisselant de néons en arabesques que je n'ai jamais vus s'éteindre même après le lever du soleil. Les tables étaient recouvertes de formica jaune et rouge, mais montées sur des pieds de fer forgé, dont le motif était fidèlement répété sur les dossiers des chaises recouvertes du même velours frappé grenat que celui qui capitonnait les banquettes placées tout au long des murs miroirs, une torsade de soie dorée soulignait le « fini » du travail de capiton, la moquette épaisse était bleu nuit, des appliques de cristal fournissaient une lueur d'appoint grâce aux ampoules façon torches, tortillonnées comme la guimauve à la menthe quand elle est rebalancée de loin par le forain sur le crochet d'acier. Le *Carrefour,* à deuxième vue, et à l'intérieur, n'avait plus rien d'une brasserie comme on en trouve aux alentours des gares. C'était une colossale bonbonnière.

Nous, nous étions là parce que nous avions faim après la nuit de tournage. Olga était là parce que le feu *Sphynx* était à trois cents mètres plus loin, sur l'avenue du Maine, et si Olga, d'instinct, était venue à notre table, c'est sans doute parce que je tournais *Dédée d'Anvers.* Un orchestre de trois musiciens, en blouses de satin sang-de-bœuf, jouait des valses et, à la demande de la patronne qui voulait chanter, attaquait souvent « Mi jaca » (que j'aurais volontiers écrit « Mirraka » si Jorge Semprun ne me l'avait pas épelé tout à l'heure), et le bonheur était de ponctuer tous ensemble les deux temps de silences musicaux, traditionnels de l'illustre paso doble, en tapant sur le formica qui résonnait superbement malgré les capitons de la brasserie-bonbonnière.

Olga tapait avec nous.

18

A leur table, ni les gamines ni Lucien-Jacques-ou-Paul ne tapaient. Ils étaient fatigués. Elles, probablement parce qu'elles étaient trop jeunes pour se coucher si tard, ou si tôt, lui peut-être pour des raisons de souvenirs personnels qui avaient à faire avec cette heure-là, justement. 5 heures du matin. Nous n'étions jamais qu'en 1947...

Ce compagnonnage dura quatre moitiés de nuit, quatre petits matins. Si je ne m'étais pas aventurée au premier étage avant la fin du spectacle, jamais je n'aurais vu la grande Mimi-Pinson bras nus et je ne pense pas qu'Olga m'aurait raconté l'histoire de « ce con-là » qui attendait son premier métro au lieu de prendre un taxi.

Nous ne nous sommes jamais revus, ni les uns ni les autres. Ça se passait il y a trente ans exactement.

C'est à la fin de la première semaine de tournage seulement, que les cymbales, la grosse caisse et le cancan avaient commencé de me visiter régulièrement, à la même heure et pour quelques secondes seulement. C'est peut-être dommage. Parce que, si cette petite musique de nuit et brouillard s'était présentée plus tôt, j'y aurais été si attentive que je n'aurais jamais eu, le deuxième jour de tournage, ce

19

geste machinal de mettre en marche le petit transistor, comme bruit de fond.

Le premier jour de tournage, on ne met pas de bruit de fond. Le premier jour de tournage, on rencontre dans la glace, ou plutôt on va à la rencontre dans la glace de la personne qu'on va essayer d'être pour deux mois. Deux mois pour sa vie et sa mort, deux mois de la vôtre de vie. On ne se regarde jamais autant dans la glace que ce premier jour du tournage.

Dans les temps de la jeunesse, on essaie de rencontrer la plus belle, et Boris avant Maud, et déjà Alex font tout pour, comme on dit. Et on se regarde dans la glace pour vérifier qu'elle sera belle. Et, parfois, un petit bruit de fond, une musiquette allègre ou un peu de *Petite Fleur,* même si on s'apprête à être la Marie à Manda en corset 1900, ne sont pas dérangeants, au contraire. On sifflote et on bat la mesure, parce que Marie est jeune, et que cette musique-là est jeune, même si Sydney est le vieux Béchet.

Dans les temps de Madame Rosa, ce qu'on vérifie dans la glace, c'est qu'elle sera bien Madame Rosa, telle que Moshé Mizrahi la désire, telle que vous avez envie de la lui présenter sur le plateau, tout à l'heure, et cette cérémonie de la rencontre dans la glace recommande le silence. C'est dans le silence que Maud a appliqué le fond de teint blafard ; c'est dans le silence qu'Alex a retiré les bigoudis minuscules que l'on ne trouve plus que dans les tiroirs de parfumeries

20

LE LENDEMAIN, ELLE ÉTAIT SOURIANTE...

en instance de faillite, parmi des crèmes Tokalon, des flacons bleu nuit de « Soir de Paris » et de la Bakerfix. Si minuscules ces bigoudis, qu'ils savent crêpeler les milliers de cheveux grisonnants de la vieille poupée, comme aucune permanente Perma ne saurait le faire. Le silence, la peur, la peur dans le silence. La peur d'exagérer un détail qui risque de faire tout basculer dans la caricature, et par conséquent dans le clin d'œil au public. Et puis aussi, pourquoi ne pas le dire, la peur de vous reconnaître dans la glace telle qu'elle est... Rosa à faire peur. Silence, le premier jour, c'est une naissance.

Le deuxième jour de tournage, parce que le premier jour a été un bon jour, c'est sans peur aucune que vous vous asseyez devant cette glace : il n'est plus question de rencontre, il s'agit de retrouvailles. Les mains de Maud et celles d'Alex font sur votre visage et sur votre tête les gestes rituels qui sont déjà devenus de la routine, le silence n'est pas recommandé. Au contraire, il serait pompeux, le silence, comme si nous savions déjà tous les trois, Maud, Alex et moi, que nous nous préparons à quelque chose qui sera finalement la mort de Rosa. Alors que nous nous préparions à envoyer Rosa tartiner de la confiture sur des grandes tranches de pain, dans une cuisine remplie d'enfants en bas âge, auxquels elle va expliquer, le plus naturellement du monde, que « leurs mamans, c'est des putes, que c'est pas croyable, et qu'un chien

dans la maison, non vraiment, c'est pas envisagea-
ble ». En pleine santé apparente Rosa, au début du
film, alors, le silence, non ! Vraiment pas nécessaire à
l'ouverture de cette joyeuse deuxième journée de
tournage.

Et c'est pourquoi, entre 11 heures et midi, vers
11 heures 40, l'index verni de vermillon un peu
écaillé, Madame Rosa appuya sur le petit bouton de la
TSF. Il ne manquait à Rosa ni un sillon creusé dans la
pâte épaisse du fond de teint blafard, bien fixé par une
poudre nacrée, ni une bouclette sur sa tête, ni un
bracelet du semainier simili-or, ni son numéro matricule dissimulé sous la manche, ni son bandage antiva-
rices de la cheville au genou gauche, ni ses quartiers
de lune aux oreilles, en vrai or ceux-là (vestiges
personnels d'un abandon de poste à Chania, en Crète,
quand elle avait lâché Bouboulina pour raison de peur
de se rencontrer dans la glace…), ni les dérisoires
sandalettes — façon savates —, ni le carcan caoutchouté qui fait croire aux Rosa de son âge qu'il leur
conserve une silhouette : il ne manquait pas un
bouton de guêtre à Rosa. Elle avait, avec ses amis
Maud et Alex, vingt minutes à perdre avant d'aller
retrouver les autres, en bas sur le plateau. Tout cela
voulait bien dire que, dans sa hâte de renouer avec sa
cuisine et les tartines et le chocolat fumant, distribués
aux enfants en bas âge et d'ethnies différentes, c'est
d'un doigt très indifférent que Rosa appuya sur le

bouton de la TSF. Vingt minutes à perdre, quoi.

Nous aurions mieux fait de descendre au bar, de faire un petit tour dans le magasin des accessoires, ou de nous brancher sur FIP.

Le bruit de fond, d'abord inaudible, et surtout pas tellement écouté par nous, provenait d'une station balnéaire dans laquelle se déroulait une foire aux livres. Trois solistes se détachèrent tout d'un coup. Un homme et deux femmes. Il sembla à Rosa que le nom de Signoret, Simone, était prononcé. Dans le même temps, Alex dit « Eh ben merde alors », et Maud, qui rangeait les pinceaux qu'elle venait de nettoyer à l'alcool pour qu'ils soient bien propres, demain matin, à retracer les sillons, les larmes aux yeux, Maud dit « C'est pas possible, c'est pas possible ce qu'ils racontent ». Elle avait ses raisons de revoir, dans les salles de maquillage improvisées qui avaient été les nôtres pendant des mois, l'espace encombré par la machine. Une machine qui ne fonctionnait pas toujours, mais elle prenait la place de la cantine vert bouteille qui aurait été plus accessible « au cas où... ».

Et quand je dis que nous aurions mieux fait de descendre au bar, je veux dire que j'aurais préféré que me soit raconté — on ne sait jamais si les gens qui racontent sont complètement de bonne foi — un petit épisode bien parisien, passé fugitivement à la radio, plutôt que d'entendre moi-même ce que j'entendais.

Et c'est vingt-cinq minutes après que Moshé Mizrahi réceptionna une tartineuse de confiture, dans la petite cuisine construite à Boulogne, qui n'avait ni le cœur ni la tête à tartiner sereinement. J'étais triste, blessée, insultée, et, ce qui était pire que tout, redevenue une personne qui n'était plus Madame Rosa. Dans le costume de Madame Rosa, dans son carcan, ses bijoux à mes bras à mon cou à mes doigts à mes oreilles, je racontai finalement à Moshé, très tard dans la journée. Et Moshé comprit si bien que cette journée-là devint une journée à refaire.

C'est peut-être ce que j'ai le moins pardonné aux trois solistes qui avaient fourni le bruit de fond pendant ces vingt minutes.

A l'une des solistes je n'ai pas pardonné de ne pas lire à son micro ni le lendemain, ni le surlendemain, ni le sursurlendemain une lettre qui infirmait ce qu'elle avait affirmé. C'était une lettre qui réclamait d'être lue à la même heure que l'heure à laquelle la diffamation avait fait les belles minutes d'une fin de matinée sur France-Inter. Elle n'était pas de moi *.

Quelques jours passèrent. Nous avions pris l'habitude de nous mettre à l'écoute, une fois Rosa prête : jamais la soliste ne fit la moindre lecture.

Et Rosa décida de se débarrasser de cette vilaine histoire en la confiant à son ami l'avocat Kiejman. Et

* Voir page 188.

Rosa redevint Rosa, à part entière, vivante, riante, menteuse, sincère, avare, généreuse, folle, sage, geignarde, injuste, infantile, croyante, mécréante, et finalement mourante, pour de bon, en mourant, pour de bon, en ânonnant un lambeau de prière juive auquel n'était sûrement pas étranger l'insolite petit concert perceptible, pour elle seule, tous les matins à la même seconde, tandis que Maud l'aryenne s'appliquait à repasser soigneusement le 17329. Il finit par s'imprimer si profondément que mon avant-bras demeura tatoué de cette décoration usurpée pendant les quelques jours qui suivirent la mort de Rosa, la mort du film. Il faut dire aussi qu'en me brossant sous la douche je pris grand soin de respecter cette petite plage, et c'est d'eux-mêmes que le 1, le 7, le 3, le 2 et le 9 s'estompèrent, peu à peu, passant du bleu au mauve, du mauve au gris, jusqu'à n'être plus que de petits signes illisibles pour qui que ce soit d'autre que moi.

Le très jeune homme plaidait. Il plaidait pour son client. Il plaidait contre moi qui n'étais pas sa cliente.

Son client est écrivain-écrivain. Moi je ne suis pas écrivaine. J'ai signé un livre de mon nom, mais comme mon nom est associé à une autre profession que celle qui regroupe les écrivains, il est évident que je ne suis pas un écrivain, et c'est bien ce que ce très jeune homme s'efforçait de démontrer dans la grande Chambre richement décorée qu'on appelle la 17e, correctionnelle, à l'intérieur de ce palais, celui de Justice.

Pour illustrer son propos, après avoir rendu hommage à mes différents mérites et à mon âge certain, il choisit de me plaindre, avec beaucoup d'affection et de respect. « Non, Madame, vous ne connaissez pas les joies, les angoisses, les fièvres et les chagrins... devant la page blanche, vous ne connaissez pas la solitude de l'Écrivain devant sa table », dit à peu près et très tristement ce très jeune homme en s'adressant tout à la fois au tribunal, à moi et à son client grâce à un mouvement tournant de la tête qui lui permit, à la fin de sa phrase, de reposer son regard sur les notes qui contenaient la suite et fin de sa plaidoirie. Dans la suite et fin, il m'offrit l'hommage de lire quelques lignes de l'objet litigieux. Je n'aurai pas l'immodestie de les citer. Elles concernent les marches de ce palais qui cessent d'être des « terrains de jeux » pour nos enfants, nous les îliens de la place Dauphine, les jours de grand procès. J'aurais préféré qu'il ne remplaçât pas le mot « terrain » par le mot « moyen »... qui ne veut rien dire du tout, mais, après tout, tout le monde peut se tromper, même et surtout une pauvre dactylo surchargée de travail quelques heures avant la plaidoirie de son très jeune patron. Puis il fut émouvant en me rappelant qu'il était navrant que des gens d'aussi bonne compagnie que son client et moi ayons eu à gravir ces fameuses marches pour en arriver là, c'est-à-dire dans la fameuse Chambre (17e, correctionnelle : voir plus haut...) alors qu'il s'agissait certainement d'un malentendu. Le malentendu était un mot judicieusement choisi étant donné qu'il s'agissait justement de savoir, tout au long de cette longue après-midi, si j'avais bien entendu ce que j'avais entendu, dans la compagnie de quelques millions de mes concitoyens qui entendaient la même chose que moi, à savoir que j'avais abusivement signé de mon nom un livre écrit par un autre. Cette bonne parole avait été diffusée par les soins de deux personnes, assistées bénévolement par une troisième qui, sans affirmer rien, avait l'air radiophoniquement d'en savoir plus long qu'elle n'en disait... Je vais écrire ces trois noms pour m'en débarrasser, ils ne reviendront probablement pas au cours de ce récit, parce que ce n'est pas cette histoire-là que j'ai envie de raconter : il s'agit de Mme Anne Gaillard, productrice à France-Inter, de M. Jean-Edern Hallier, écrivain de métier et client du très jeune homme, et de Mme Marie Cardinal, écrivain de métier et, en l'occasion, assistante bénévole. Voilà.

27

Tout ça s'était passé un 10 mai 1977 entre 11 heures et midi.

Malheureusement, pour moi et pour les personnes précitées, j'avais tout entendu, ce qui valait à deux d'entre eux, la productrice et l'écrivain, d'être comme on dit cités en justice. J'avais tout entendu, un peu comme on surprend une conversation en passant dans un corridor, par hasard. Et derrière une porte des gens, que vous ne connaissez pas et qui ne vous connaissent pas, parlent de vous tellement fort, qu'il faudrait être sourd pour ne pas les entendre. Encore que parfois la vieille expression « Vaut mieux être sourd que d'entendre ça... » retrouve tout son sens.

Moralité : n'ouvrez pas votre transistor.

Donc, depuis cette matinée du 10 mai 1977 pendant laquelle je n'étais pas sourde, jusqu'à cette après-midi du 13 décembre 1977, il s'était écoulé sept mois... En sept mois les chagrins s'émoussent, les grandes colères ne sont plus passionnelles. Les chagrins ne sont plus que des griefs ; et les colères sont devenues aussi glacées que des règlements de comptes. J'étais là pour régler mes comptes avec des gens qui m'avaient fait beaucoup de chagrin, ou plutôt qui *m'avaient eu fait* beaucoup de chagrin, comme on ne doit pas l'écrire quand on est un vrai écrivain.

J'étais là, assise sur un banc de chêne, séculaire et encaustiqué. Le banc des plaignants.

Eux étaient là, sur un banc de chêne, séculaire et

28

sûrement aussi bien encaustiqué que le mien. Le banc des accusés. Le banc d'infamie.

Du procès je ne dirai presque rien. Il a fait les manchettes éphémères d'une presse qui, on la comprend, n'allait pas manquer de célébrer un événement parisien... Tout ça vous avait à l'avance un petit côté « Duel marquis de Cuevas-Serge Lifar », ou encore, pour les contemporains de mon enfance, « Viviane Romance contre Mistinguett à propos d'une gifle... ». C'est à ça que je pensais sur mon banc encaustiqué. A ça et en plus à d'autres choses qui n'avaient rien à voir avec l'Affaire, comme on dit quand on parle de justice.

Je pensais par exemple aux deux après-midi que j'avais passées sous ce même toit, trois semaines auparavant, pendant que se déroulait, dans une indifférence totale, sans public et pratiquement sans presse pour en faire le récit, sauf un rédacteur du *Monde* qui en fit un long compte rendu, le procès de René Damotte que défendait mon ami Georges Kiejman. Ça se passait aux « Petites Assises » (!!!). Avec une tendresse, une charité, une dévotion complètement désintéressées, mon ami s'était attaché depuis des mois à reconstituer l'itinéraire de cette espèce de héros de roman du xixe siècle, champion du casier judiciaire parce que victime dès la naissance de toutes les tares de la société, et qui portait sur son front tatoué en lettres invisibles « Fatalitas »... On voit que

29

je n'y vais pas avec le dos de la cuillère. Ce jour-là, le deuxième du procès Damotte, j'étais seule à m'émerveiller en écoutant la bouleversante plaidoirie de Kiejman. L' « Affaire Damotte », ça vous dit quelque chose à vous ?

Et puis, je me mis à penser aux deux petits jeunes que j'avais vus se faire emmener, quelques minutes avant, enchaînés à des flics tandis que je me frayais un passage à travers une foule qui ne les voyait pas. Elle faisait la queue pour entrer dans la Chambre... celle où j'allais m'asseoir au banc des accusateurs. Je ne saurai jamais vers quelle Chambre on les emmenait, ni pourquoi on les y amenait, ni quelles têtes auraient leurs accusateurs.

Et puis, je me suis revue un jour témoin dans une affaire de Correctionnelle, et j'ai touché mon banc encaustiqué d'accusateur, et j'ai revu la tête de l'accusateur... et j'ai pensé que c'était ma tête à moi aujourd'hui qui surmontait le tronc qui surmontait le fessier d'une personne qui était assise sur le même banc que celui sur lequel s'était posé un fessier dont j'avais détesté la tête.

Et puis Georges a plaidé. Il n'a pas plaidé pour moi, il a plaidé contre eux. Il les a attaqués parce qu'ils avaient attaqué sa copine, et pendant qu'il parlait pour moi, et contre eux, je l'aimais et aussi je me disais qu'il valait beaucoup mieux que de se trouver mêlé à une affaire « bien parisienne », et j'avais un

30

peu honte de l'avoir entraîné hors des frontières de son véritable apostolat : celui qui consiste à défendre des gens qui ont grand besoin d'être défendus, et pour la défense desquels on n'est pas nécessairement photographié sur les fameuses marches du fameux palais.

Et puis, j'ai pensé qu'il faisait vraiment chaud.

Et puis, j'ai pensé à mon petit-fils Benjamin qui était venu faire un peu de piano sur le piano de la « Roulotte », à deux pas, vers midi. Il n'est pas encore prêt à me le jouer, *le Gai Laboureur* de Schumann.

Et puis, j'ai regardé très attentivement la décoration de la Chambre, et j'ai pensé qu'on donnait de jolis noms à ces endroits. Chambre-Correctionnelle, ça vous a un côté guignol-bastonnade, avec un lit quelque part, parce que Chambre, hein ! c'est un endroit dans lequel il y a un lit, et il faut être très très latiniste, et pas du tout cinéaste, pour traduire *camera* par chambre, non ?

Pour passer de la Chambre à la Cour, il ne fallait pas une imagination débordante. La Cour... ça veut dire plein de gens qui écoutent quelqu'un qui parle, et qui disent tout le temps, « oui, oui, oui, il a raison ». Les cours se tenaient chez les rois, et généralement près de leur chambre à coucher ; et comme les rois sont polis, ils prient ceux qui leur font la cour de s'asseoir. Donc, tout le monde est assis à la cour. De là vient sûrement cette jolie appellation « Cour d'assises ». Dans cette cour-là, tout ce qui se raconte, se soupèse, se débat est toujours horrible et sanguinolent, du début à la fin, et quand je dis fin je veux parler aussi de l'épilogue qui est parfois tout aussi sanguinolent que l'histoire qui vient d'être racontée. C'est ainsi que, naturellement, j'en vins à penser à l'autre Cour, celle de Cassation. Celle-là, au son, elle fait plutôt penser à une cour de récréation. On casse... On casse les vitres à coups de ballons mal dirigés, on casse son lacet de soulier, on y cassait son encrier Waterman quand le fil auquel il pendait se cassait... Eh ! bien, non ! Ce qu'on y casse — rarement d'ailleurs —, c'est un jugement, non pas comme on pourrait le croire parce qu'il semble inique, mais parce que le greffier qui était enrhumé pendant le procès s'est mouché si bruyamment qu'il n'a pas entendu la phrase, ou le morceau de phrase (qui n'a d'ailleurs aucune importance), dont l'absence sur les papiers timbrés constitue le miraculeux « vice de forme » qui permettra aux juges de la Cassation de redonner sa chance, si on peut dire, au délinquant d'aller se faire rejuger ailleurs.

La deuxième chance. Le « vice de forme »... C'est lui la deuxième chance. C'est lui, qui alimente les rêves et les insomnies du prévenu coupable et condamné, et ceux du prévenu condamné et présumé coupable, et peut-être innocent. Ils ne l'ont pas trouvé, le vice de forme, pour le petit Youcef Kismoune [1], le lendemain, le 14... Ils ne lui ont pas donné sa deuxième chance à lui. La deuxième chance n'est jamais offerte, n'est jamais fournie par autre chose que par le résultat d'un très minutieux et cependant très rapide épouillage des textes transcrits au cours du déroulement minuté d'une cérémonie qui a ses rites et qu'on appelle un procès. La deuxième chance ne dépendra que de la gaffe d'un scribe, de l'oubli d'un huissier, d'une porte entrouverte, d'une date choisie pour une reprise d'audience, de l'éternuement fatal de quelqu'un. La Cour qui casse n'a pas à connaître de la mère, de l'adolescence, ou du « pas d' chance » du demandeur, ni de ses mauvais instincts, ni des mérites de sa victime, ni de la fatigue des jurés, ni de la mauvaise foi des témoins, ni de l'absence des témoins de bonne foi, qu'on n'a pas retrouvés, ou qu'on a mal écoutés, au cours de la cérémonie mise en cause. La Cour de Cassation ne joue pas avec des ballons, des lacets ou des encriers. Elle joue très exactement sur les mots, les faits, les temps et la transcription exacte des mots, des faits et du temps pendant lesquels se sont déroulées les heures, ou plutôt les minutes du procès qui font toujours des heures et souvent des jours.

---

1. Depuis le temps où j'écrivais cela, Y. Kismoune, aujourd'hui libre à l'issue d'une grève de la faim et de la soif totale (novembre 1978), attend la révision de son procès.

On pourrait croire que c'était l'ennui qui faisait vagabonder mon imagination dans les couloirs qui relient ces Chambres à ces Cours, je ne voudrais pas donner cette impression. J'étais furieusement intéressée par ce qui se débattait devant les magistrats dont j'avais sollicité le jugement. En même temps, je ne pouvais pas m'empêcher de mesurer l'apparente futilité de la cause qui avait réuni tant de gens dans cet établissement, à l'éclatante importance (la mort, la vie, les vingt ans, la perpétuité, les dix ans, les deux ans, la grosse amende,... et parfois l'extradition) qui trop souvent réunit si peu de gens dans le même établissement, que tout est enveloppé, empaqueté, pesé dans un temps record, et devant personne.

C'est alors que devant plein de monde, « devant tout le monde », le très jeune homme prononça LA phrase que je citais plus haut (« Non, Madame, vous ne connaissez pas les joies, les angoisses, les fièvres et les chagrins... devant la page blanche, vous ne connaissez pas la solitude de l'Écrivain devant sa table »), et que je retrouvai tout d'un coup ma condition de victime d'une erreur... judiciaire et judiciable. Et, par conséquent, le même état de chagrin et de colère qui avait été le mien quelques mois auparavant devant mon stupide petit transistor.

Ce très jeune homme était beau, gentil, respec-

34

tueux. Il l'est toujours, je suppose. J'en suis sûre. Mais si je m'étais écoutée à ce moment-là, je me serais levée de mon banc encaustiqué (et néanmoins, séculaire) et j'aurais crié : « Ta gueule, petit con, tu ne sais pas de quoi tu parles ! »

J'aurais sans doute crié très mal. Des larmes ravalées auraient encombré mes cordes vocales. Mon ton, alors, aurait pu passer pour un « ton » d'actrice (comme si les vraies actrices avaient à leur disposition des « tons », comme un mauvais pianiste). Quoi qu'il en soit, je ne me suis pas levée, je n'ai pas dit « Ta gueule », parce que dans ces endroits-là on ne se lève pas pour dire « Ta gueule » et encore moins « Ta gueule, petit con ». Dans ces endroits-là on se tient, on se tient bien.

Et pourtant, pendant la demi-seconde qu'il a employée pour prononcer les quatre syllabes du mot « SO-LI-TU-DE », j'ai revu toutes les tables de travail improvisées devant lesquelles je me suis assise chaque fois que j'ai pu, pour tenter de mener à bout, sinon à bien, ce pari que j'avais engagé avec moi-même, de l'écrire et de le finir ce livre que je n'avais pas voulu.

Je ne permettrai à personne de contester la faculté de jouir des plaisirs et des désarrois délectables que la « solitude » peut offrir à un apprenti qui s'essaie à fabriquer un objet qu'on ne lui a pas commandé. Et maintenant, à cause de cette blessure causée par le

mot « solitude », je vais raconter une histoire que j'ai
envie de raconter.

Tout a commencé par un très gai petit voyage dans
la voiture de Régis et Élisabeth Debray. Ma mémoire
sollicitée par je ne sais plus quoi, sur la route, j'avais
placé une de ces anecdotes que je garde généralement
pour le dessert quand on l'apporte dans des endroits
d'où sont absents mon mari, ma fille et mes familiers... Quand les gens sont vieux dans votre vie,
même s'ils sont jeunes, on a peu de chance de les
épater. Régis et Élisabeth sont jeunes, et jeunes dans
ma vie ; les jeunes ne sont pas difficiles à épater même
quand ils ont vu beaucoup, ce qui est leur cas, pour
peu qu'on leur raconte de vieilles histoires, celles du
temps où ils n'étaient pas nés, et surtout que ce soit
pour la première fois. C'était la première fois, ça
devait être une de mes meilleures, je n'en sais plus
rien, mais toujours est-il qu'après la chute, d'une
même voix, ils déclarèrent : « Tu devrais écrire tout
ça. » « Plus souvent que je la raconterais, ma vie ! »
dis-je alors dans un style qui, on l'entend, n'annonce

pas un écrivain. Et, rapidement, j'énumérai quelques noms d'éditeurs auxquels j'avais depuis quelques années déjà refusé de « me raconter » pour ne pas me prêter à ce qui devenait une mode. Alain Oulman de chez Calmann-Lévy, Alex Grall de chez Fayard, Jean-Claude Barreau de chez Stock et, bien avant, Michel Mohrt de chez Gallimard, pardon, pardon, pardon, je ne savais pas encore, à ce moment-là, sur cette riante route de campagne, que j'étais sur le chemin du parjure !

Nous étions néanmoins sur le chemin du retour, et Régis et Élisabeth continuaient de fantasmer sur le livre que ça pourrait faire. Aux portes de Paris on parlait du nombre de pages qu'aurait l'ouvrage, il suffisait de faire des multiplications et des divisions compte tenu du nombre des années que j'avais vécues. Aux alentours de la place Dauphine on avait déjà choisi l'établissement dans lequel il serait de bon ton de donner le cocktail de presse pour la sortie de l'Œuvre. Je crois qu'on était en train de constituer le menu des zakouskis et la liste très sélective et néanmoins internationale des heureux invités, lorsque Chris Marker, qui passait justement dans le quartier, rapidement mis au courant, suggéra quelques titres simples et bon enfant dans le genre *Je ne suis pas celle que vous ignorez...* Bref, on se marrait bien, tous ensemble, moi, mon vieux copain et mes jeunes amis. Montand était en train de tourner loin de nous, et je

ne me consolerai jamais d'avoir raté les suggestions
qu'il n'aurait pas manqué d'apporter à cette mystifica-
tion à usage interne qui nous avait fait la journée de
rires.

Le lendemain les choses se gâtèrent, si je puis dire.
Régis n'est pas un bavard. Il a même prouvé qu'il
pouvait se taire comme peu de gens ont la force de le
faire. Il l'a prouvé au monde pendant son procès,
quand les questions à lui posées risquaient de faire du
mal à des amis. Il se l'est prouvé à lui-même quand il a
pu passer près de quatre ans dans une cave-cellule à
Camiri, à compter pour lui tout seul et à voix basse les
vingt-six années qu'il avait encore à « servir », et qu'il
servirait encore (si toutefois on ne l'avait pas suicidé à
temps), sans un bienheureux coup d'État temporaire
qui le libéra. Donc Régis n'est pas ce qu'on peut
appeler un bavard. Mais, depuis qu'il est dehors,
Régis aime bien la conversation. Et c'est ainsi qu'il
s'en alla raconter à son ami Jean Lacouture la
promenade de la veille, et probablement un fragment
de la charmante, ou horrible (c'est agaçant de ne plus
me rappeler), anecdote qui avait fait l'introduction au
canular que j'ai raconté plus haut.

Il se trouvait que Jean et Simonne Lacouture, que
je ne connaissais pas, avaient dans la tête un projet
pour une collection à paraître au Seuil. De longues
conversations transcrites, entre les Lacouture et des
gens. Des gens qui avaient apparemment beaucoup de

choses à dire sur leur métier, leurs expériences, et surtout leur expérience de la vie, puisque tous ces gens seraient sélectionnés par rapport à leur âge, le même, la cinquantaine dépassée.

La cinquantaine dépassée... le mien, d'âge.

Et c'est pourquoi, le surlendemain de la balade en auto, Jean et Simonne Lacouture vinrent me proposer d'entrer dans leur projet de « conversation » imprimée. Les noms prestigieux qu'ils annoncèrent flattèrent ma vanité. Mes contemporains interrogés et parfois contestés au cours de la conversation seraient des scientifiques amis du progrès, des médecins sauveurs de l'humanité, des militaires antimilitaristes, des historiens objectifs. On allait s'occuper du rayon peinture, architecture et sculpture, mais si je voulais bien accepter celui de la comédienne, j'étais sûre de me trouver en bonne compagnie. Tout l'ensemble s'appellerait « La traversée du siècle ».

J'expliquai à Jean et Simonne Lacouture les réticences qui m'avaient jusqu'alors retenue de « raconter ma vie », mais admis avec eux qu'après tout, une très très longue conversation ne m'engagerait pas plus, ni moins, que la série des interviews que je n'avais cessé de donner depuis trente ans ne m'engagerait si on les mettait bout à bout. Et même qu'au bout du compte, j'aurais peut-être la chance, en cours de route, de rectifier quelques erreurs qui n'avaient jamais cessé de se laisser réimprimer. Enfin, bref, beaucoup parce que le Seuil-Audiovisuel avait fait en sorte que Chris Marker ait pu filmer *la Solitude du chanteur de fond* avec Montand, pour le bénéfice de ces réfugiés chiliens dont l'écrivain Jean-Edern Hallier (tiens ! je le recite) avait écrit qu'ils étaient « des lâches et des escrocs », et allez donc !, beaucoup parce que tout d'un coup la perspective d'avoir une très longue conversation avec ce couple qui savait tant de choses sur plein de choses, de pays et de gens, me sembla passionnante (en fait, je me voyais déjà leur poser autant de questions sur leur métier qu'eux sur le mien...), et un peu pour que Régis n'ait pas eu complètement tort d'avoir soufflé sa bonne idée à Jean Lacouture, je finis par dire qu'on pouvait toujours essayer. Voilà ! On allait essayer, essayer ça ne coûte rien, ça ne mange pas de pain, ça ne mange que des mètres de bandes sonores, qu'on peut toujours effacer si la mayonnaise ne prend pas. Au cas très possible où cette mayonnaise ne prendrait pas, on effacerait, ce qui ne voudrait pas dire pour autant : « Effaçons tout, on recommence. » Non, on ne recommencerait pas, on laisserait tomber. D'accord ? D'accord. Alors quand partons-nous, cher Jean et chère Simonne Lacouture pour Autheuil où nous serons tranquilles pour converser ? Je n'ai à vous donner que la semaine qui vient. J'ai rendez-vous à Lyon avec Patrice Chéreau dans douze jours pour tourner.

C'est alors qu'à ma grande surprise (peut-être n'avais-je pas été assez attentive aux préliminaires) Jean et Simonne Lacouture remirent les choses à leur vraie place. Il n'était pas question qu'ils se chargeassent eux-mêmes de l'opération « causons un peu ». D'autres tâches les appelaient ailleurs. Après tout, je n'étais ni André Malraux, ni Luis Miguel Dominguin, ni un Pays en Guerre, me dis-je fugitivement, pendant qu'ils m'expliquaient qu'en cherchant un peu on allait rapidement se mettre d'accord sur le nom de celui ou de celle qui se chargerait de la besogne. Si je m'étais écoutée à ce moment-là (décidément on ne s'écoute jamais assez), j'aurais dit : « Moi je ne joue plus ; je voulais bien jouer au ping-pong avec vous, mais si vous ne voulez pas jouer avec moi, salut ! on n'est pas fâché pour ça ! »

Je ne me suis pas écoutée.

J'ai eu peur de pécher par orgueil en posant la seule vraie question : « Mais qu'est-ce que vous faites chez moi, si ça ne vous intéresse pas, vous, directement de m'interroger, de me contester, peut-être même de m'engueuler ou de rire avec moi ? » Je ne l'ai pas posée, et j'ai admis implicitement que je comprenais très bien que les grands reporters aient d'autres personnes et paysages à visiter.

Nous ne nous connaissions que depuis un quart d'heure mais, à ce moment-là de la conversation, le cœur, le mien, n'y était plus. J'avais l'impression d'être devant des programmateurs, plus devant les futurs complices, qu'ils étaient devenus au moment du « Alors quand partons-nous, cher Jean et chère Simonne Lacouture ». Je ne sais pas si ça se voyait sur ma figure, probablement pas, ou alors peut-être me suis-je levée sous le prétexte d'aller fermer la porte, c'est un truc dont j'use assez volontiers quand je n'ai pas envie qu'on voie justement sur ma figure ce qui se passe dans mon cœur.

Bref, au lieu de dire « on ne joue plus », je ne dis rien du tout et je laissai Jean et Simonne Lacouture me dérouler le dépliant de leurs suggestions. Est-ce que Chris Marker ne serait pas l'idéal ? J'exposai alors à Jean et Simonne Lacouture qu'il ne m'apparaissait pas très judicieux de placer en situation de question-neur un personnage qui connaissait toutes les réponses aux questions qu'il n'aurait d'ailleurs pas la moindre envie de poser à une personne, moi, en l'occurrence, qu'il connaissait depuis son adolescence, ce qui fut admis. On écarta donc Chris Marker, qui était par ailleurs en train de mener une longue étude météoro-logique sur les nuances du fond de l'air...

Les Lacouture cherchaient... Moi, je n'avais pas de suggestion à faire, après tout ce n'était pas mon idée de le retraverser, ce siècle.

C'est alors que, frappés par la surprise de n'y avoir pas pensé plus tôt, et visiblement heureux de constater qu'une fois de plus leurs instincts les menaient vers les

mêmes oasis, Simonne et Jean Lacouture s'excla-
mèrent ensemble : « Maurice !... Mais bien sûr c'est
Maurice qu'il vous faut, nous allons vous donner
Maurice, c'est tout à fait pour Maurice, non ? »
Thorez était mort depuis longtemps, Chevalier aussi,
Maurice... Maurice... Non, décidément, je ne voyais
pas.

PONS, voyons, me fut-il répondu.

Là, je voyais. Ou plutôt je savais. Je savais deux ou
trois choses. Je savais que Maurice Pons avait écrit des
livres que des gens que j'aimais avaient aimés. Je ne
les avais pas lus, ces livres et, à l'énoncé de ce nom, je
me sentis un peu coupable. Je savais que Maurice
Pons était un des signataires du Manifeste des 121. Je
savais que Maurice Pons avait longtemps siégé à la
Commission d'avances sur recettes et qu'il avait
souvent aidé de jeunes auteurs de films à obtenir la
fameuse avance qui permet de rêver qu'on va pouvoir
enfin réaliser le sujet, « difficile », « spécial »,
« intournable », refusé par tous les producteurs de
France. Je savais qu'il était l'un des phares d'une
communauté culturelle, un moulin, situé sur une île de
la Seine, là où elle est encore mystérieuse, à Andé. Je
n'avais jamais été au Moulin d'Andé ; les récits que
rapportaient certains voyageurs qui y avaient séjourné
ressemblaient souvent à ceux d'Augustin Meaulnes ;
c'était un endroit où se déroulaient des fêtes, et les
voyageurs donnaient toujours l'impression qu'il ne

figurait sur aucune carte départementale. Voilà ce que je voulais dire quand je disais que je voyais. Je voyais, mais je ne le voyais pas, ou plutôt je ne revoyais pas sa tête, puisque je ne l'avais jamais vue.

Simonne et Jean Lacouture allaient de ce pas s'inquiéter de savoir si Maurice Pons était libre pour venir converser avec moi dans le plus bref délai, et s'il l'était, eh bien, il serait chez moi lundi prochain, et eux sentaient déjà que nous allions faire du très très bon travail, parce que Maurice c'était vraiment la bonne idée.

Je ne savais pas du tout si c'était la bonne idée. Je ne savais pas non plus si Maurice Pons trouverait que c'était la bonne idée, et puisqu'on venait de parler des « libertés » de Maurice dans son emploi du temps, je me permis de leur demander s'ils n'envisageaient pas que Maurice, même libre de son temps, était surtout libre de ne pas avoir envie de passer son temps de liberté avec une personne à laquelle il ne lui était jamais venu à l'idée de poser des questions. Pensez-vous, chère Simone Signoret, il va adorer, d'ailleurs il faudrait être fou pour ne pas se réjouir à l'avance de tout ce que vous avez à raconter... Je ratai encore une fois l'occasion de m'écouter. Et au lieu de leur dire « Alors vous, vous êtes complètement cinglés », je souris bêtement, et même un peu niaisement.

Simonne et Jean Lacouture décidèrent alors qu'ils ne voulaient pas abuser de mon temps, que le leur d'ailleurs était compté, Maurice allait m'appeler. Il leur revint en mémoire qu'Autheuil était très près d'Andé, et que, décidément, cette « traversée » partait très bien. Au moment des adieux, au risque de radoter, je précisai qu'il s'agissait bien d'une tentative à laquelle nulle publicité ne serait donnée, je remis ça avec la mayonnaise qui ne prend pas, des fois, et j'insistai solennellement sur le fait que cette causerie au coin du feu ne nous engageait ni les uns ni les autres à une publication quelle qu'elle soit, où que ce fût. On allait essayer, on verrait bien après, ou plutôt on écouterait bien... après. Voilà.

Je raccompagnai Simonne et Jean Lacouture à ma porte et, en la refermant derrière eux, j'eus la sensation d'avoir pris une option sur un billet qui allait m'emmener en croisière vers un pays dans lequel j'avais toujours refusé d'aller, jusqu'alors. Mais après tout je n'avais qu'une option, et un billet ça peut toujours se rendre si on n'a plus envie de s'embarquer au dernier moment. C'est souvent la tête des compagnons de voyage qui détermine la décision. La tête des Lacouture me revenait, je ne savais pas du tout si celle de ce monsieur Pons, commis d'office, me reviendrait au point de partir en sa compagnie. Encore une fois, « on verrait bien... » me dis-je, en préparant mon baluchon pour Autheuil, et en pensant que j'aurais mieux fait de me taire dans la petite auto de Régis, et que Régis lui-même aurait mieux fait de se taire au lieu de jouer les agents littéraires à titre bénévole et sans aucun but lucratif pour lui.

Le lundi suivant, au cœur d'une très belle après-midi de ce printemps 1974, Maurice Pons, comme cela avait été programmé par Jean et Simonne Lacouture, vint me voir à Autheuil.

Je découvrais donc la tête de cet homme dont je ne connaissais que le nom. Il avait une tête qui me revenait. Pour tout dire il avait une bonne tête, une belle tête ; en un mot il est beau. Lui ne découvrait rien du tout. Il venait voir une personne dont il connaissait la tête, agrandie des milliers de fois. Les seules découvertes qu'il pouvait faire étaient celles qui dénonçaient les altérations d'une image. Mais c'était une image qu'il venait rencontrer.

Il venait rencontrer l'image pour lui dire que, malgré tout le respect qu'il lui portait, il ne serait pas en mesure de colloquer avec l'image dans les dates prévues. Il sortait d'une maladie, on lui avait préconisé du repos, si seulement on pouvait faire ce travail dans un mois...

L'image, assez contente de voir la possibilité de

rendre son option de billet pour la croisière qu'elle ne voulait pas entreprendre, regretta avec beaucoup de sincérité. Elle ne disposait que de la semaine qui avait déjà commencé.

Voilà, voilà. C'est alors que, débarrassés tous deux de la panoplie dont on les avait affublés, l'image et le commis d'office commencèrent à se détendre. C'est-à-dire à se rencontrer, comme on se rencontre dans la vie, par accident. Le règlement de la situation « Causons-un-peu-pour-une-collection » avait été rapide. Maintenant, on pouvait causer, comme ça, pour rien et pour personne.

Les noms des voyageurs qui avaient séjourné au Moulin me revenaient, alors on s'est mis à parler d'eux. Les objets qui vivent dans le salon d'Autheuil (certains pensent qu'ils encombrent le salon d'Autheuil) suggèrent tous des pays, des dates, des gens ; alors on s'est mis à parler de ces pays, de ces dates et de ces gens. Petit à petit, nous nous apercevions que nous nous étions croisés souvent sans jamais nous rencontrer. Je finis par avouer à Maurice Pons que je n'avais rien lu de lui ; il me confia que lui-même m'avait vue dans très peu de films ; ça devenait rigolo, on faisait l'école buissonnière, et on avait tous les droits de le faire puisque le travail était supprimé.

Vers 6 heures du soir Maurice Pons s'en alla. On avait passé une très bonne après-midi. Je crois qu'en l'accompagnant à sa voiture je lui dis « au revoir

Maurice, à bientôt ». Il me dit « au revoir Simone, à bientôt ». Quand la voiture tourna le coin de la ruelle, je savais que je m'étais fait un voisin normand. Je savais que ce voisin normand deviendrait peut-être un ami. Mais ce que je savais surtout, c'est que, pour des raisons « indépendantes de ma volonté », j'étais sortie du tourniquet, et que l'option pour l'embarquement, je pouvais la rendre. J'appellerais Jean et Simonne Lacouture le lendemain, et le Siècle se ferait traverser sans moi, et j'étais bien contente.

Je consultais mon carnet téléphonique, le lendemain matin, pour essayer de dépister Jean et Simonne Lacouture, lorsque Maurice Pons m'appela.

Il avait consulté son médecin ; finalement dans son cas la meilleure thérapeutique, aux dernières nouvelles, serait justement de colloquer. Si j'étais toujours prête, il serait chez moi dans la journée. Comme il n'était pas habile avec un magnétophone, qu'il ne possédait pas d'ailleurs, il viendrait en la compagnie de Dominique, la fille de Simonne Lacouture, qui ne possédait pas non plus de magnétophone, mais qui était très habile avec celui que possédait sa mère, ils seraient là dans l'après-midi...

Et c'est ainsi que Dominique Roussillon et Maurice Pons firent leur entrée dans ma vie, au moment même où je croyais bien avoir retrouvé ma liberté, celle justement de ne pas la raconter, ma vie.

Je la racontai pendant cinq jours, de 10 heures à 13 heures, de 14 heures 30 à 19 heures. J'ai un peu l'air d'un indicateur de chemin de fer, mais puisqu'il s'agissait à nouveau de choses sérieuses, puisque les joies de la conversation gratuite auxquelles nous avions fugacement goûté dans la fin de cette belle après-midi de la veille nous étaient désormais interdites, sauf aux heures des repas, Maurice Pons décida qu'il serait raisonnable de suivre un horaire de travail.

Le premier matin, l'image soigna son apparence, et c'est habillée campagne et légèrement rimmelée qu'elle fit son entrée à 10 heures précises dans cette salle de travail qu'était devenu le salon d'Autheuil. Dès le lendemain, il apparut à l'image qu'il était superflu de soigner son image, et c'est à l'état brut, les cheveux encore humides de la douche, et flottant dans une gandoura de tissu éponge bleu marine que pendant ces cinq matins de vie commune je reprenais le bout du fil de ma vie à l'endroit où il avait été sectionné la veille au soir. Il y avait toujours quelques minutes de flottement, il fallait faire un nœud pour raccorder, et nous repartions en expédition, mes nouveaux vieux amis et moi-même. Il me semble bien qu'au bout du troisième jour nous avions couvert ensemble une bonne quarantaine d'années. Considérant qu'on avait pris les choses depuis le tout début, c'est-à-dire qu'ils m'avaient connue bébé vagissant à Wiesbaden (Rhénanie occupée), nous m'étions quittée la veille aux alentours des jardins de Beverly-Hills Hôtel dans lesquels ils me voyaient circuler dans mes belles petites tenues californiennes. Les langes, les tabliers d'écolière, la première robe de bal, les pulls usagés superposés pour cause de grand froid 40-44, les déguisements qui habillaient l'image dans des rôles depuis qu'elle était devenue une image, les « ensembles » qui déguisaient l'image pour en faire une femme en voyage toute pareille à celles qu'elle admirait sur les quais des gares dans son enfance, me dispensaient de faire des frais de toilette. On ne fait pas de frais de toilette devant des vieux amis.

J'ai dit au bout du troisième jour. J'ai dit mes vieux amis. J'ai dit mes nouveaux vieux amis.

J'aurais dû dire les récents amis de toujours.

Les vieux amis de toujours ne sont jamais de toujours. L'entrée en amitié ou en amour (c'est la même chose) est datée. La rencontre, l'heure et le jour... enfin la saison, la présence des autres qui étaient là ce jour-là, autour, pendant que les fils se nouaient, et aussi l'absence de ceux qui, s'ils avaient été là, auraient peut-être empêché les fils de se nouer, enfin bref... pour faire plus simple, je dirai que les vieux amis de toujours on les a rarement rencontrés au berceau.

Et puis, vos vieux amis de toujours ils savent tout de vous, et vous savez tout d'eux, en tout cas c'est ce qu'ils croient et c'est ce que vous croyez. Ils savent surtout et vous savez surtout ce que vous avez partagé. Pour le reste, l'Avant, je veux dire l'avant de la rencontre... Il se peut qu'à la fin d'une bonne journée de campagne, aidée par les jeux des enfants et le bruit qu'ils font, quelques récits à propos de vos jeux d'enfants, de vos vacances d'enfants, et par conséquent de dates qui précisent d'où et quand ça s'édifiait ce superbe château de sable avec pont-levis praticable grâce à un os de seiche manipulé par du filin de pêcheur... il se peut, disais-je, que vous apportiez à vos amis de toujours des informations qu'ils affectent d'adorer tout en préparant dans leurs têtes l'agencement du récit de la fabuleuse chasse au « dahu » que leur tonton ardéchois, catalan, grec, angevin, new-yorkais ou du XIIIe arrondissement leur avait fait vivre à l'âge de dix ans. Il se peut...

Quant à l'Après, l'après de la rencontre, cet

« après » dont ils sont les détenteurs, il n'est nul besoin de se le raconter, à moins de tomber dans la fâcheuse habitude de radoter.

Il y a bien les absences. Les absences-travail, les absences-vacances. Mais il y a les retrouvailles. Tout ne se raconte pas, bien sûr, mais c'est le besoin des retrouvailles, la borne des retrouvailles, qui permet (ça, c'est un mot stupide), qui... qui conduit les amis de toujours à ne pas pouvoir s'empêcher de s'asseoir autour d'une table ou par terre sur l'herbe, ou sur un tapis, pour faire le point et constater avec bonheur qu'il n'y a pas lieu de renouer des fils, puisqu'ils n'ont jamais été cassés.

Voilà ce que j'appelle des amis de toujours.

Mais quand vous débitez, en service commandé, les tranchettes de votre vie de petite enfant, d'adolescente, de grande « fifille », de sage jeune fille, de jeune fille mère, de fiancée au Parti communiste, de contestataire à Moscou, de preneuse d'oscar à Hollywood, d'amoureuse inconditionnelle d'un homme dont le premier métier est d'être tout seul sur scène, de retour en arrière à une parenté bratislavienne, de maman rapporteuse de brosses à dents japonaises, de grèves de la faim, d'enterrements d'Overney, d'histoire de bottines vernies pour une soirée à *l'Ange Gabriel*, de librairie à Ostende, de clochards à Paris... devant deux personnes qui finissent par en savoir plus long sur vous que ceux que vous appelez les amis de toujours, à la fin de la journée vous les regardez, épuisée, et vous riez ensemble, parce que s'ils sont des faux amis de toujours, ils sont devenus des amis. Il y a comme une complicité pour cause de chemin parcouru.

Parcouru et non vécu.

Parcouru pour eux aussi, vécu pour eux aussi, dans leur vie à eux qui n'est pas la vôtre. Mais, comme au cours de votre récit méandreux, le nom d'un village, celui d'un démaquillant, le 13 d'un mois d'octobre ou la couleur d'une toile cirée les baladent dans leur propre mémoire, vient le moment où ils cessent de vous écouter.

Ils vous enregistrent, ils ne vous entendent plus. Ou plutôt je devrais dire qu'ils vous entendent et ne vous écoutent plus.

Ce sont les inquisiteurs qui vous écoutent.

Les inquisiteurs n'ont pas les yeux de Maurice Pons ni ceux de Dominique.

Les yeux de Dominique se posaient souvent sur le petit tableau de bord, le minuscule écran de contrôle de la précieuse machine à parler que lui avait confiée sa maman. C'était parfois pour repenser à des choses à elle, qui la regardaient, elle, et qu'une date dans mon délire verbal venait peut-être d'évoquer. Je ne sais pas.

Les yeux gris, verts, parfois mauves et même pailletés et souvent carrément bleus de Maurice Pons plongeaient sans défaillances apparentes dans les miens tandis que je débitais mes tranchettes. Il ne me quittait pas des yeux, il opinait, soupirait parfois d'indignation au récit d'une portion particulièrement édifiante de cette déjà longue existence, et se marrait quelquefois quand j'essayais d'être drôle...

Mais ils ne m'écoutaient pas. Et ils avaient bien raison. J'étais inécoutable. J'en ai eu la preuve en lisant noir sur rose (pelure) le décryptage de cette interminable parlouze effectuée en service commandé.

Cependant, des liens se lièrent. Nous étions bien tous les trois à Autheuil. Nous respections les horaires de travail, la mise en boîte des précieux souvenirs qui devaient venir grossir la collection « La traversée du siècle ». Nous avions nos récrés. Nous parlions beaucoup pendant les récrés.

En fait, nous ne nous parlions que pendant les récrés, puisque pendant les heures de classe on n'entendait que moi.

C'est au cours des récrés que j'apprenais les enfants de Dominique, le frère et les sœurs de Maurice, les voyages qu'ils avaient faits et l'un et l'autre, ou les livres qu'ils aimaient. J'apprenais, parce que c'était à mon tour de poser des questions. J'aime bien poser

des questions, moi, et dans mon genre je suis beaucoup plus inquisiteur que beaucoup d'inquisiteurs
commis d'office... Mais les heures de récré étaient
plus courtes que les heures de travail et, par conséquent, je n'arrivais pas à en savoir très long sur mes
nouveaux amis de toujours.

Le matin du cinquième jour de vie commune, à
10 heures précises, je fis mon entrée dans le salon de
travail, prête à entamer les épisodes les plus mar-
quants de ma quarante-neuvième année, lorsque
Dominique me fit savoir que nous n'avions que deux
heures devant nous. Jean et Simonne Lacouture
avaient besoin de la machine à parler dans l'après-
midi même, ils se rendaient personnellement chez le
professeur Minkowski qui avait accepté le rayon
médical pour la collection « La traversée du siècle ».
Simonne Lacouture avait jugé à distance que le temps
imparti au récit de mon existence était largement
dépassé et, comme apparemment il n'existait pas
d'autre magnétophone sur la place de Paris, il était
urgent que celui-là revînt rapidement du département
de l'Eure où il n'avait plus rien à faire.

C'est donc à l'accéléré qu'en deux heures je bâclai
les réponses aux questions de Maurice. Elles étaient
du genre : « Et la mort pour vous ? »... « Si vous

vouliez faire un bilan ? »... « En somme, heu-reuse ? »... C'était triste et rigolo. Ça n'avait plus aucun rapport avec les interminables digressions désordonnées, anachroniques et parfois contradic-toires des jours précédents. Le temps pressait.

A midi, nous nous sommes dit au revoir. Nous nous sommes embrassés tous les trois, un peu émus et un peu embarrassés par cette émotion.

La précieuse machine fut placée dans le coffre de la voiture de Maurice. Dans la sacoche noire qui la protégeait il y avait plein de petites boîtes. Des kilomètres de bandes magnétiques. La voiture démarra, je restai sur le pas de la porte, la main de Dominique et celle de Maurice me firent des « à bientôt » à travers les vitres baissées. Je rentrai dans la maison et je me sentis dépossédée. La petite voiture rouge emportait à son bord ma mémoire effleurée et des souvenirs déflorés.

Mais, après tout, me dis-je une heure après, tout ça n'engage à rien, tout ça n'a aucune importance, nous verrons bien dans quelque temps s'il y a quelque chose à tirer de ce fatras quand il aura cessé d'être verbal. Nous verrons bien sur le papier. Après tout je suis libre !

Grande fut par conséquent ma surprise quand, au premier courrier du lendemain, je reçus un contrat et un chèque des Éditions du Seuil. Le contrat m'enga-geait comme auteur d'un ouvrage à paraître, avec le concours de Maurice Pons, dans la collection « La traversée du siècle » dirigée par Jean Lacouture. Les droits d'auteur seraient partagés entre le questionneur (25 %) et la questionnée (75 %), et le chèque de 10 000 F était une courtoise avance sur les possibles droits à venir. Alors, comme j'étais libre, je renvoyai immédiatement le contrat non signé et le chèque non encaissé. J'expliquai au téléphone que cette opération de régularisation, pour flatteuse qu'elle fût, ressemblait cependant à une charrue qu'on mettrait avant les bœufs, sans parler de la peau d'un ours qu'on n'avait pas encore localisé... étant donné que personne encore au Seuil n'avait eu l'avantage de prendre connaissance des mots impérissables qui étaient tombés directement de ma bouche dans le précieux micro de la précieuse machine. Seuls Maurice Pons et Dominique en avaient eu la primeur, et il me paraissait prudent d'attendre que Dominique eût transcrit le charmant babillage-monologue avant de s'entre-signer des papiers timbrés. J'ajoutai que c'était bien ainsi que les choses avaient été décidées entre Simonne et Jean Lacouture et moi aux aurores de cette aventure, tout comme il avait été décidé entre Simonne et Jean Lacouture, et Maurice, et Dominique, et moi, que nous ne parlerions à personne de ces cinq journées d'Auteuil, avant de les avoir lues.

Je fus très bien comprise par Paul Flamand.

Et, par conséquent, grande fut ma colère lorsque,

quelques jours plus tard, parcourant distraitement un hebdomadaire très distingué, mon œil fut attiré par mon nom écrit en caractères gras dans un écho parisien, sous la rubrique « EN VEDETTE ». L'autre nom en caractères gras était celui de Maurice Pons. Ça disait à peu près que Maurice rédigeait... STOP !

...On arrête tout, on se remet à sa machine : Danger ! Maurice Pons, qui m'a fait l'amitié de lire le double de ce texte (déjà en première impression) et qui me le rend en me déconseillant d'ailleurs fortement de le publier, vient de me signaler, entre autres petites erreurs, l'erreur fatale qui risquerait de faire douter les plus crédules de la véracité de ce roman-reportage. Il a poussé l'amitié qu'il me porte jusqu'à me confier l'original de l'Écho en question qu'il avait conservé, alors que moi je l'avais jeté. L'Écho en question ne disait pas à peu près que Maurice Pons « rédigeait ». L'Écho ne disait rien à peu près. L'Écho disait :

> Elle avait toujours refusé d'écrire ses mémoires. « Mes souvenirs appartiennent aussi à ceux qui ont partagé ma vie » disait Simone Signoret. Finalement elle a succombé aux arguments de Maurice Pons. Pendant quinze jours, dans sa maison d'Autheuil (Eure), elle a répondu aux questions du romancier. Le livre, qui n'a pas encore de titre, paraîtra à la rentrée aux Éditions du Seuil.

Voilà ! Maintenant je reprends.

C'est donc fort en colère que j'appelai de nouveau le Seuil. J'appelai Jean et Simonne Lacouture, personne ne savait d'où venait l'information, j'appelai deux ou trois personnes... et puis j'appelai Maurice.

Il était désolé, Maurice. Il ne voyait pas du tout comment cet écho avait pu se propager. C'était trop bête, vraiment trop bête.

Maurice en fit trop, et je fus obligée de le lui dire. Mon côté flic ayant fonctionné très vite dans cette journée, j'avais le dossier.

L'écho émanait d'une personne familière à sa vie. La personne émargeait à l'hebdomadaire en question, et avec beaucoup de chagrin je fus obligée de le lui dire avant de raccrocher. Il eut le temps d'en convenir, et d'ajouter encore une fois qu'il était désolé et que c'était vraiment trop bête.

Ce n'était pas vraiment trop bête. C'était un peu bébête simplement. C'était surtout futile, pour ne pas dire léger par rapport à nos conventions, qui pour être orales n'en étaient pas moins solennelles, de garder secrète la première phase de cette entreprise, jusqu'à la lecture des bandes décryptées. Dans mes jeunes années, j'aurais peut-être fait passer un petit écho dénonçant la précipitation du petit écho... Mais il y a longtemps que j'ai compris qu'en rectifiant les échos par d'autres échos, on risque de donner une importance considérable à un écho que personne n'a lu, et qu'on se trouve en grand danger de déranger des gens qui se chargent de faire passer l'écho répondant au premier écho et que personne ne lira non plus. A moins que justement ceux qui lisent l'écho répondant au premier écho, celui qu'ils n'ont pas lu, se passionnent soudainement pour une cause dont les prémisses leur sont complètement inconnues.

Autant pour les échos.

Mais les échos restent.

Quelques jours plus tard, je fis mon baluchon pour Lyon où m'attendaient Patrice Chéreau et son équipe avec lesquels je redevins ce que je n'avais jamais cessé d'être : une saltimbanque qui fait de son mieux pour raconter la vie d'un personnage. Celle-là c'était Lady Vamos, dans *la Chair de l'orchidée*.

Lady Vamos oublia instantanément qu'elle avait passé la semaine précédente à raconter la vie de Simone, elle oublia l'Écho, et passa les semaines suivantes dans sa nouvelle famille, à jouer à être, à se déguiser et à mourir. A rire aussi entre les plans et le soir au dîner. Et Lady Vamos fut triste le jour où le film fut fini.

L'été aussi était fini, et forcément les feuilles commencèrent à roussir.

Celles qui s'abattirent une soirée d'automne sur la belle table ronde du salon d'Autheuil n'étaient pas rousses, elles étaient roses et de papier pelure. Elles étaient au nombre de 600.

L'alerte machine à écrire de Dominique avait scrupuleusement transcrit le monologue enregistré aux beaux jours de l'été.

A la lumière faiblissante de cette soirée d'automne, la lecture de ces mots et de ces phrases — petits insectes bien ordonnés — était une épreuve accablante.

Ainsi donc, c'était ainsi que je parlais !

Le travail ne s'appelait que « boulot », un homme était toujours un « mec », un imbécile ou plutôt un sot était toujours un « con », une femme une « bonne femme ».

Les « merde, je ne retrouve plus le nom », les « non, non, je me goure, c'était pas en 41, c'était au début 42 », les « on s'est dit ça fait rien on laisse courir »... tous les maniérismes d'un argot qui n'est pas le langage appris dans l'enfance, mais celui que vous avez copié, sans vous en rendre compte, par mimétisme, pour ne pas la ramener (vous voyez bien...) à partir du moment où vous rompez avec votre milieu d'origine, défilaient, noir sur rose, comme des petits soldats qui agresseraient tout ce que vous aimez le plus au monde : la langue française.

Plus j'avançais dans la lecture de cette histoire que j'avais de bonnes raisons de connaître, moins je reconnaissais la personne qui parlait.

J'avais du chagrin à lire ce qui résultait de l'écoute des moments racontés sur ma petite enfance.

Je découvrais que, pour faire rapide et ne pas ennuyer mon auditoire commis d'office, j'abrégeais parfois les épisodes qui dans une conversation auraient peut-être mobilisé l'attention plus longtemps. Quitte à la lasser.

Bien sûr, les faits étaient relatés. J'étais bien née là où j'étais née ; bien sûr, nous avions fait le petit souper avec Khrouchtchev et le Praesidium ; bien sûr, je parlais de Marilyn, dans ces 600 pages... puisque tout ça je l'avais enregistré.

Je l'avais enregistré.

Dominique l'avait décrypté.

En fait, je refusais la forme. C'était d'autant plus grave que je ne pouvais accuser personne. On n'avait pas déformé mes propos, on ne m'avait pas fait dire autre chose que ce que je disais. J'avais dit tout ça, eh ! oui, mais je l'avais dit avec les mots, les absences de liaisons, l'argot et le manque de vraie réflexion qui correspondaient parfaitement à l'image que les rôles populaires, pour ne pas dire populistes, ont pu donner de moi. Pour résumer, je dirai que c'était « une vie » racontée par Dédée d'Anvers.

A la fin de cette lecture, je n'étais plus accablée. Atterrée, j'étais. Je décidai de me dérider et de placer cet objet — les 600 pages tapées par Dominique — dans un placard où il dormirait pour toujours. Après tout, mes charmantes anecdotes, je trouverais bien à les placer aux moments des desserts dans quelques réunions extra-familiales où elles risqueraient peut-être de faire de l'effet ; mais je saurais, désormais, sous quelle forme il ne fallait pas les raconter, quels que soient leur contenu et leur fond.

C'est alors que Maurice réapparut dans ma vie. Lui aussi, il avait lu. Les retrouvailles furent chaleureuses et surtout pleines de surprises pour moi.

Ce n'était pas la forme qui le dérangeait, Maurice, au contraire ; il avait retrouvé, en lisant, le son qui avait bercé ses cinq jours à Autheuil. Je dis bien : bercé...

Non, c'était le contenu et le fond qui le secouaient d'étonnement. Il évoquait certains passages qu'il venait de découvrir avec ses yeux alors qu'il ne les avait pas entendus avec ses oreilles. Il aimait tellement le petit souper avec le Praesidium du Soviet suprême qu'il entreprit de me le raconter... Je le priai de n'en rien faire... Je connaissais.

C'était le moment de lui poser la bonne question : « Où étais-tu, Maurice, pendant que je te parlais, te parlais, te parlais et que tu me regardais, regardais, regardais ? » Je ne la posai pas. Je le savais, moi, où il était, Maurice, pendant que je l'endormais avec le goutte-à-goutte verbal. Je le savais parce que je m'étais quand même mise à lire Maurice Pons, et qu'après avoir lu *Rosa* et *Mademoiselle B.* *, par exemple, je le connaissais maintenant, Maurice Pons. Les poètes ne sont pas faits pour questionner et

* Éditions Denoël.

écouter les gens, ils sont faits pour rêver. Pendant que je pressais ma mémoire comme un citron, Maurice avait laissé vagabonder la sienne au gré des associations d'idées que la mienne lui proposait. C'était flagrant et je le lui dis.

C'était flagrant, mais pas comme un délit, c'était flagrant comme la vérité, et c'était beau de pouvoir se le dire. Et c'était bien et sain de pouvoir en rire ensemble. Et, comme je suis beaucoup plus flic que lui, je voulus savoir s'il se rappelait un moment précis de mon discours qui l'avait fait décoller pour son propre compte dans un voyage personnel.

Sans hésiter une seconde, il évoqua le premier. C'était un nom, un nom de famille que j'avais prononcé parmi d'autres, au tout début de mon monologue. C'est-à-dire que le nom de cette famille, parmi d'autres noms de famille, servait en quelque sorte d'élément du décor de ma très jeune adolescence, rien de plus. Rien de plus pour moi en tout cas.

Je demandai à Maurice de me raconter son voyage personnel. Il le fit, et je l'écoutai.

Cette histoire d'amour, difficile, douce, compliquée, amère et apparemment inachevée avec une jeune femme au prénom slave, cadette de cette famille slave dont j'avais, dans la foulée, articulé le nom, avait tous les droits d'avoir écarté Maurice du droit chemin... celui de l'écoute obligatoire.

Je l'écoutai et, plus je l'écoutais, plus je pensais

qu'il avait eu bien raison de s'envoler vers (ou de plonger dans) sa propre mémoire au lieu de rester avec moi.

Compte tenu des kilomètres d'aventures personnelles que nous avions revécues chacun de notre côté, moi sonore, lui muet, on pouvait, sans être sordidement comptables, évaluer qu'en un bon quart d'heure, ce jour-là, à cause du nom de cette famille-là, Maurice avait dû reprendre mon train en marche, aux alentours de la débâcle de 40... à la toute fin de mon adolescence.

Comme il ne me venait pas à l'idée de faire une scène de jalousie, pour cause d'abandon d'intérêt, ou d'incompatibilité de mémoire, je passai un très bon moment à écouter Maurice.

Mon objectif à moi était toujours le placard. Le placard pour les 600 feuilles roses. Je le lui dis. J'avais parlé parlé parlé. Il ne m'avait pas toujours écoutée et par conséquent pas toujours questionnée, le résultat était ce qu'il était, on allait laisser tomber les pages roses mais on allait bien s'amuser à faire autre chose.

Voilà : on allait faire à deux, et vraiment à deux, un petit livre. Un tout petit livre qui raconterait justement dans quelles contrées de sa propre mémoire l'emmenait telle ou telle portion de la mienne. Un peu comme une course de relais, au ralenti, pendant laquelle chacun d'entre nous saisirait à tour de rôle le

65

mot de l'autre qui déclenche un nouveau parcours personnel.

On n'en ferait pas des pages et des pages jusqu'à faire un gros bouquin, on ne pourrait en aucun cas figurer dans la collection « La traversée du siècle », on ne serait pas des « biographies »... Encore que c'est ça la vie... Se rappeler chacun pour soi, et se rencontrer à un croisement. Je devenais lyrique, on allait faire un petit bouquin formidable que personne ne lirait, mais qu'est-ce qu'on allait s'amuser à se faire plaisir !

Ce soir-là, avant de reprendre la route, Maurice admit que ça pouvait être rigolo et admit du même coup qu'on oubliait les pelures roses. Et, comme à l'habitude, enfin ce qui devenait une habitude, Maurice fit « à bientôt » à travers la vitre baissée de la petite voiture rouge en abordant le tournant de la ruelle.

C'était pour moi la fin de cet épisode, et je m'en allai rejoindre Montand à Saint-Paul, où il se reposait avant d'aller faire *le Sauvage* au Venezuela.

J'avais mis les pages roses dans le placard, et j'avais annoncé à Simonne et Jean Lacouture que ma façon de traverser le siècle ne me convenait pas du tout. Je leur rappelai nos engagements qui avaient le grand avantage de n'être pas un engagement... Ils semblaient désolés. Ce qu'ils avaient entendu raconter de ce que j'avais raconté leur paraissait fort intéressant. Est-ce qu'on ne pourrait pas « revoir » tout cela... Je leur rappelai notre première conversation. Ou la mayonnaise prendrait ou elle ne prendrait pas. Si elle ne prend pas, on efface tout. Et surtout on ne recommence pas. Après tout, les bandes magnétiques, ça ne mange pas de pain, ça s'efface.

Les bandes magnétiques, oui. Pas les papiers. Même s'ils sont de pelure, bleus, blancs ou, en la circonstance présente, roses.

J'avais naïvement cru m'être bien fait comprendre par tout le monde, lorsque, soudain, un matin, le facteur de Saint-Paul (où j'étais restée après le départ de Montand pour ne rien faire du tout) se présenta dans ma chambre avec une grosse enveloppe. Elle était décorée du « RECOMMANDÉ » qui immatricule toujours les mauvaises lettres quand elles sont de petit format, ou les mauvais scénarios quand ils vous arrivent d'un amateur qui vous a pistée et exige une réponse.

J'acceptai mon destin, sous forme de signature au bas de sa liste de victimes, je le priai de passer à la caisse de l'hôtel vu le dérangement que je lui avais causé, et je mis sur le côté droit de mon lit ce gros paquet imperméabilisé qui côtoya un bon moment le plateau porteur de thé, les journaux du matin, la boîte de Kleenex et les mots croisés de Scipion. Il faut dire que les lits de *la Colombe* sont larges au point que vous pouvez y laisser demeurer les accessoires de votre veille au soir, à la condition que vous y dormiez seule.

Je touillai la rondelle de citron pour en extraire un peu de la vitamine qui me donnerait bonne conscience, quand elle serait mélangée au thé qui restait au fond de la tasse. Je reconsidérai la grille des mots croisés. Non, définitivement, je n'étais pas en mesure de les résoudre maintenant. Mais tout à l'heure, peut-être, sur la terrasse, avec le crayon à gomme. Et les rayons du soleil.

J'avais complètement oublié l'enveloppe kraft imperméable et recommandée. L'expéditeur en était le Seuil.

Elle était matelassée, un bout de ficelle qui dépassait semblait indiquer qu'on avait intérêt à le saisir. Il fallait être patient. Je me débrouillai mal avec la ficelle, je tirai sûrement du mauvais côté. J'aurais dû suivre la flèche. C'est avec le petit couteau à beurre que je vins finalement à bout de la carapace « recommandée ».

Pour une surprise, c'était une surprise. Ma vie, revue et corrigée, avait changé de couleur. Elle n'était plus rose, mais noire sur blanc sur du vrai papier sérieux, pas de la pelure. Comme les feuillets n'étaient pas attachés entre eux, des centaines de pages se répandirent sur le lit, et avant d'attaquer la lecture il me fallait reconstituer le gros volume... à venir.

Une fois la liasse reconstituée, je la replaçai dans ce qui restait de la carapace imperméabilisée, je relus le petit mot manuscrit qui disait quelque chose comme : « Voilà Simone, j'espère que tu seras contente, je t'embrasse. Maurice. » Dans le désastre de la chute des feuilles, il avait perdu le petit trombone qui l'attachait aux trois premières pages. Je fis pensivement joujou avec le petit trombone qui finit par se rompre à cause de l'épaisseur de mon pouce. Non, je n'étais pas contente. J'avais l'impression extrêmement désagréable d'être mise devant un fait accompli. D'être utilisée malgré moi, et même plus, contre moi et ma volonté que j'avais pourtant clairement exprimée. J'étais si peu contente que je décidai de n'attaquer la lecture de la relecture exécutée par Maurice Pons d'une vie qui se trouvait être la mienne... que dans l'après-midi.

Peut-être aussi que j'avais un peu peur. Peur de découvrir des moments où Maurice Pons, dans la solitude de son travail, aurait, à retardement, démasqué certaines de mes faiblesses, de mes contradictions, qui lui avaient échappé pendant nos entretiens. J'en connaissais quelques-unes.

En tout cas, « vire tourne », comme on dit à Marseille, je remis à plus tard ce que le devoir me commandait de faire sur-le-champ.

Et c'est, mots croisés de Scipion terminés, repas, café et pousse-café dégustés, que j'attaquai le morceau que je n'avais pas commandé.

Les premières pages semblaient identiques aux pages roses. Elles étaient un peu guindées comme l'avaient été les premiers moments du premier jour des cinq jours à Autheuil.

Elles étaient guindées et par conséquent très correctement formulées. Nous étions sur notre « quant-à-nous », je n'avais pas encore l'habitude du « mec », « bonne femme », « boulot »... ou plutôt, me méfiant de mes mauvaises habitudes, j'avais soigné mon langage. J'avais soigné mon langage pour énumérer rapidement sans couleurs et sans détails d'où je venais, qui étaient mes parents, où j'avais été à l'école. Mes phrases bien convenables et un peu ennuyeuses n'avaient subi aucune altération, aucune invention non plus. Pas la moindre trahison.

En même temps que je lisais, ou plutôt que je relisais, j'avais un peu l'impression d'être dans un train qui irait trop vite. Un express qui doit arriver à l'heure à la grande ville. Les express brûlent les stations. Les stations ont des pancartes qu'on a à peine le temps de déchiffrer. Dans cette relecture, je voyais passer, « fête de Neuilly », « coiffeurs pour hommes », « marché de Neuilly », « oncle-Marcel-et-tante-Irène-square-Lamartine », comme autant de petites gares où je regrettais de n'être pas descendue pour m'y attarder.

C'est drôle... parce que cette impression-là, je ne l'avais pas du tout ressentie à la première lecture des pages roses. Je m'étais beaucoup plus attachée à la forme qui m'agressait. Mais les mois avaient passé et, que je le veuille ou non, que je l'admette ou pas, ce remue-ménage dans ma mémoire que j'avais décidé d'oblitérer (c'est comme ça qu'on dit maintenant, non ?) avait quand même creusé des sillons.

Je n'étais pas descendue dans les petites gares parce que je n'osais pas... Ça aurait fait trop long, dans une conversation. J'étais reconnaissante à Maurice de ne m'avoir pas inventée dans ces petites gares. Elles restaient au titre d'énumération. Exactement comme je les avais énumérées. Toute cette partie-là n'avait pas été « revue ».

C'est à la première « coupe » de Maurice que l'angoisse me saisit. Je crois bien qu'il s'agissait de ma grand-mère. Sa main posée sur le haut du grillage du balcon de l'avenue du Roule (Neuilly-sur-Seine) pendant le défilé du Front populaire en 1936 faisait comme un poing levé... à son insu. Il est probable que, dans mon récit enregistré, l'anecdote paraissait fade. Mais j'y tenais, moi, à ma grand-mère Signoret, née Dubois (de Poncelet), figurant les vieilles pétroleuses, en croyant qu'elle était simplement en train de prendre l'air tout en contemplant distraitement la « racaille » qui défilait en très petit nombre dans ce quartier très chic.

Ma grand-mère Signoret, née Dubois (de Poncelet), ayant disparu du balcon de ma vie d'adolescente, selon Maurice Pons, je décidai de faire rapatrier au plus vite les pages roses qui dormaient dans le placard d'Autheuil.

Je voulais vérifier. Vérifier ses choix, ses options prises après son tri personnel dans le fatras de ma mémoire. Comme ça, pour voir.

Je voulais aussi vérifier que je ne l'avais pas rêvée, ma grand-mère au balcon du sixième étage, en 1936.

Non, je ne l'avais pas rêvée. Elle était bien là, noire sur rose pelure. Les 600 pages exhumées de leur placard avaient été acheminées en un temps record, recommandées elles aussi, et apportées par le même facteur de Saint-Paul qui devait commencer à se demander qui m'en voulait à ce point et à cette cadence...

Bon, puisqu'elle était là dans les pages roses, ma grand-mère, je décidai de la remonter sur le balcon dans les pages blanches de Maurice, et dans la marge blanche de Maurice je fis une grande croix suivie d'un point d'interrogation suivi lui-même d'un numéro de page rose, paraphé d'un sec « ma grand-mère !!! » ponctué comme on le voit des points adéquats.

Je commençai à devenir une corrigeuse de copies.

Je commençai surtout à me piéger moi-même.

Nous étions en « morte-saison » comme on dit dans l'hôtellerie. Un genre février, c'est-à-dire un bon bout de temps après les fêtes de fin d'année et un bon bout de temps avant les vacances de Pâques. Tout cela n'aurait aucun intérêt (sauf pour les hôteliers, qui savent très bien de quoi je veux parler) si ça ne m'amenait pas à raconter comment cette après-midi-là, celle-là même où j'étais devenue corrigeuse de copies, j'embauchai mon amie Yvonne Roux à entreprendre avec moi une lecture comparée, phrase par phrase, des pages blanches et des pages roses. La saison était morte. Elle avait le temps, ou plutôt elle me prêta le temps qu'elle avait.

L'expérience ne dura que quelques heures. Je lisais à voix haute une phrase des pages blanches, Yvonne lisait à voix haute une phrase des pages roses. Pour être tout à fait sûre que je n'étais pas « trahie », j'avais décidé que nous recommencerions par le tout début. Je voulais tout vérifier, tout contrôler. Il nous arriva de tomber sur un adjectif qui avait fait voyager un « beau » pour devenir un « joli ». Je corrigeai dans la marge.

J'étais grotesque.

Je crois que nous avons arrêté nos travaux à la page 6. Avec une mauvaise foi totale, je déclarai à Yvonne qu'après tout rien de tout ça ne m'intéressait. Nous n'étions même pas arrivées à la réinstallation de ma grand-mère sur son balcon.

Je mentais. Ce n'était pas les « beau » devenant des « joli » qui me troublaient. C'était le tout, dans son ensemble. C'était le « je » dont je saurais toujours en le lisant qu'il était un « je » qui n'était plus le mien, même si ma pensée était respectée, et ma grammaire améliorée. La petite joie mesquine d'avoir voulu jouer les corrigeuses m'avait passé.

Une autre, complètement nouvelle, venait de s'installer clandestinement dans ma tête et dans mon cœur.

J'avais une envie irrésistible de reprendre le train toute seule, un omnibus cette fois-ci, de descendre dans les petites gares que nous avions brûlées, et d'y perdre mon temps.

Alors, je pris un carnet à spirale, un stylo-feutre et, avec la culpabilité délicieuse d'une fugueuse, je commençai mon voyage.

C'est au « marché de Neuilly » que je descendis d'abord. J'y restai beaucoup plus longtemps que je ne l'aurais cru. Le visage de Monsieur Camille, les lèvres peintes en noir de la femme de Charlot, et le goût de l'emmenthal grignoté parce que ses trous arrivaient juste à la hauteur de mes cinq ans, m'occupèrent

74

pendant deux bonnes heures que je n'avais pas vues passer.

Le lendemain, dans un magasin de Cagnes, je m'achetai une petite machine à écrire très bon marché. Un gadget, pensai-je, pour m'amuser tant que ça m'amusera, pressentant que ça ne m'amuserait sûrement pas très longtemps.

Avec la petite machine, toute fière de constater que je savais encore très bien pianoter des mots qui reflétaient ma pensée, je descendis à la station « coiffeurs pour hommes »... et puis je fis un long très long séjour chez « l'oncle Marcel et la tante Irène »... et puis, sans même m'en apercevoir, je devins quelqu'un qui a attrapé un petit bout de laine qui dépasse de la seule maille mitée d'un pull-over. Je tirais, je tirais et je ne savais pas encore que tout le pull-over y passerait.

Je ne savais pas encore que ça m'amuserait longtemps. Je ne savais pas encore que je me préparais des jours où je ne m'amuserais pas du tout. Je ne savais pas encore que j'allais à la rencontre de quelque chose que je n'avais jamais connu : la nécessité de solitude.

Je ne savais rien de tout ça, mais ce que j'aurais dû savoir, ou plutôt réaliser, comme disent les « réalistes », c'est qu'en faisant joujou avec mon gadget à écrire j'avais commencé à devenir « la négresse du nègre ».

A ceci près qu'il n'y avait pas de nègre.

Ce n'était pas un travail de « nègre », le travail de Maurice.

Un nègre m'aurait tout d'un coup fait parler comme lui, un nègre m'aurait peut-être prêté des lambeaux de ses propres fantasmes. Rien de tout cela n'existait dans ce dossier blanc que j'avais finalement lu jusqu'au bout alors que j'étais déjà embarquée si gravement dans mon voyage personnel ; je l'avais lu à titre documentaire, pressée de retourner à la machine pour raconter cette histoire, la même exactement, mais avec mes mots à moi, les nouveaux. C'est-à-dire ni ceux de l'enregistrement, ni ceux que m'attribuait Maurice dans son désir de bien faire.

Quand j'avais dit à Maurice, le soir des pages roses, qu'il avait sûrement « mieux à faire » qu'à « revoir », « rewriter », ou « reparler » une actrice dont il n'avait pas vraiment écouté l'histoire, je ne voulais pas être méchante. Au contraire. C'était en fonction du respect que je lui portais depuis que je l'avais lu que j'employai la formule « mieux à faire ».

A l'époque, j'étais encore ignorante des lois de l'édition. Je n'en sais pas très long aujourd'hui, mais j'en sais plus que dans ce temps-là.

Je suppose que pour des raisons contractuelles Maurice Pons avait à rendre un devoir, enfin sa copie,

qui servirait de justificatif à quelque avance matérielle
dont il n'aurait jamais dû avoir besoin si ses livres
étaient lus autant qu'ils devraient l'être. J'entends par
là, bien sûr, si ses livres avaient été promus, pour
éviter « promotionnés », autant qu'ils auraient dû
l'être.

J'ai souvent imaginé le voyage de retour au Moulin
d'Andé de ce Maurice Pons d'il y a quatre ans, à bord
de la petite voiture rouge qui venait de tourner le coin
de la ruelle qui borde notre maison d'Autheuil.

Le « à bientôt », sémaphoré à travers la portière,
était demeuré dans ma mémoire comme une sorte
d'agrément à ma proposition d'écrire ensemble le
petit livre de la mémoire croisée, et de laisser définitivement tomber cette « traversée ».

Il se peut que, pendant les 4 ou 5 premiers
kilomètres sur la route qui serpente à travers le bocage
normand, Maurice ait donné une pensée à cette
proposition. Et puis qu'à la faveur d'une enseigne
balayée par ses phares, à l'entrée ou à la sortie d'un de
ces bourgs qui lui sont si familiers depuis le temps qu'il
vagabonde dans la région, ou alors d'un bouquet
d'arbres dans un champ..., un trésor de sa mémoire à
lui se soit installé à bord de la petite auto rouge.

Voilà le monologue, tel que je l'ai inventé ou

réinventé, qu'on aurait peut-être entendu si les machi-
nes à enregistrer étaient branchées sur les cervelles au
lieu de l'être dans des bureaux :

> « Plus souvent que je vais gaspiller mes propres
> trésors pour jouer les utilités, en contrepoint à un
> récit terre à terre et daté. Non, Madame, nous
> n'allons pas mélanger les genres, les professions,
> les cartes d'identité. Ma mémoire à moi, je m'en
> servirai à l'heure et au jour que j'aurai décidés,
> moi. Vos mémoires, je vais vous les replâtrer,
> mais, de grâce, ne vous mêlez pas de la mienne,
> de mémoire. »

Si on calcule que ce monologue avait pu commencer
à la hauteur du septième kilomètre, il en restait une
vingtaine à parcourir à Maurice, pour que son irrita-
tion mûrisse, se nourrisse, et j'imagine que « rendu à la
maison », comme on ne doit pas dire quand on est
poète, sa petite portière claqua sec aux oreilles des
familiers du Moulin qui attendaient le retour du
poète. Le bruit du moteur bien transmis dans la nuit
(les boucles de la Seine sont humides) les avait déjà
prévenus qu'il arrivait, et le claquement sec devait
résonner comme une ponctuation. Je veux dire
comme un point final à une réflexion solitaire. Et c'est
un poète bien décidé à ne pas dilapider la moindre
parcelle de ses trésors personnels, pour autre chose

que pour une œuvre personnelle, qui rejoignit les siens et s'attaqua au replâtrage (ce court métrage flash-back et entièrement imaginé n'a de comptes à rendre à personne et reste la propriété de l'auteur).

En descendant seule dans les petites gares que nous avions brûlées, en racontant pour mon propre plaisir, d'abord avec le crayon-feutre, ensuite sur la petite machine à écrire pas chère, ma mère, les coiffeurs pour hommes qui ne flambaient pas leurs instruments, les cartes coloriées de la France, le palais de l'oncle-Marcel-tante-Irène-square-Lamartine, je croyais moi aussi que je replâtrais. C'est-à-dire que, puisque je ne savais pas encore que j'avais tiré sur le brin de laine qui finirait par détricoter tout le pull-over, je croyais naïvement qu'en injectant mes promenades solitaires, il me fallait quand même retourner à la formule du dialogue. Alors, après avoir écrit des pages et des pages de choses qu'il n'avait pas entendues puisque je ne les lui avais pas dites, et qu'il aurait probablement cessé d'écouter si je les avais dites, je m'efforçais de faire le raccord, la soudure avec une question de Maurice déjà existante. Comme ça ne collait pas toujours, je commençais à prendre l'habitude d'en inventer, des questions... Je devenais de plus en plus la négresse du nègre, puisque c'était moi maintenant qui lui fournissais le dialogue, enfin la question, qui me permettait de repartir vers une autre petite gare, toute seule.

C'est pour ça que je me sentais fugueuse. J'étais une fugueuse qui rentrait à la maison. J'étais, je le fus, jusqu'au jour où je décidai de ne plus rentrer à la maison du tout. Mais pas tout de suite.

Il y avait belle lurette que je n'avais plus mis le nez dans le dossier blanc, ni dans le dossier rose. La sujétion à l'entreprise n'existait plus. C'était un peu ingrat de ma part et c'est probablement pour ça que je disais tout à l'heure que je savourais la culpabilité délicieuse d'une fugueuse.

A partir d'un certain moment, ce n'était plus des arrêts dans des petites gares que je m'offrais, c'étaient des plongées sous-marines. Personne ne m'attendait au détour d'un rocher, et je pouvais tranquillement, au ralenti, cueillir des coraux, ramasser un petit bout de bois, ou entrouvrir une malle rouillée pleine de choses inutiles ou essentielles.

Je cueillais des coraux, récupérais des petits morceaux de bois sans importance apparente et violais des malles rouillées, tranquille au fond de la mer dans laquelle je m'installais tous les jours vers 14 heures 30 dans une chambre du rez-de-chaussée de *la Colombe*, côté piscine.

La petite machine pas (assez) chère donnait des signes de fatigue. Elle toussotait, sautait des « a-i », je veux dire ne donnait plus exactement l'image d'un imparfait avant qu'on y ajoute un « s », elle me jouait des tours dans le genre « Je voula-is ». Je crois bien qu'elle avait été mise au monde pour recopier en plusieurs exemplaires, sans carbones (ça épaissit le voyage dans le rouleau caoutchouté), quelques menus du déjeuner et du dîner dans une pension de famille à prix modérés. En aucun cas elle n'avait été conçue pour les martèlements passionnels d'une autobiographe qui en avait beaucoup à dire vu qu'elle n'était pas toute jeune.

Mes rapports avec la petite machine étaient ce qu'ils étaient, mais je réalisai soudain que j'avais omis de mettre au courant mes partenaires qui m'avaient perdue de vue depuis que j'avais fugué.

Je le réalisai quand Jean Lacouture annonça par téléphone son arrivée à *la Colombe*. Il viendrait seul et en coup de vent.

Il avait lu, lui et Simonne Lacouture avaient lu. Ils aimaient beaucoup. Le condensé de ma pensée leur avait bien plu. Il faut dire que le travail de Maurice était exemplaire. Il avait bien quelques petites questions à me poser, pas beaucoup, mais dans l'ensemble c'était « sensationnel ». Il avait très peu de temps parce que la collection de « La traversée du siècle » réclamait sa présence ailleurs, mais vraiment ils étaient très contents. Vraiment. Peut-être que je m'étais trompée à propos de Maréchal et de

Malraux... Mais c'était réparable. Et on tenait un bouquin « comme ça ! ».

Jean Lacouture arriva le lendemain soir à *la Colombe*, vers les 19 heures. Pendant le dîner, il définit pour moi les erreurs, peu nombreuses, qu'il avait trouvées dans le dossier blanc qu'il portait d'ailleurs avec lui. Elles étaient annotées. Elles jouaient sur l'orthographe d'un nom propre, l'appartenance d'un verbe au *Nouveau Larousse illustré*. Il s'étendit un peu plus longuement sur le fait que j'attribuais à Maréchal un moment de la guerre d'Espagne qui n'était pas celui que Malraux lui avait confié à lui, personnellement. Pendant ce dîner, et après ce dîner, j'avais devant moi un homme heureux qui tapotait affectueusement le replâtrage de Maurice en m'annonçant qu'une fois réglés les quelques détails historico-linguistiques qu'il avait repérés, nous tenions un bon livre pour l'été.

Nous n'étions jamais qu'aux alentours du printemps 1975.

J'essayai timidement, dans le peu de temps qui m'était offert, de faire passer un petit message qui voulait dire que je ne me reconnaissais pas dans le replâtrage de Maurice et que, par conséquent, je ne désirais plus du tout trôner dans les rayons de la fameuse collection. Le temps, le temps, le temps était pressant et Jean Lacouture s'en alla se coucher.

Je me souviens cependant que nous avons pris un

rendez-vous à 9 heures pour un petit déjeuner puisque Jean Lacouture, venu en coup de vent, devait repartir très tôt le lendemain.

Ce fut un petit déjeuner comme les partagent ceux qui ont déjà pris respectivement leur petit déjeuner au réveil dans leur lit, ou sur la table, suivant qu'ils sont flâneurs ou entreprenants.

Moi qui suis flâneuse, j'avais pris mes précautions, et je m'étais fait réveiller à 8 heures avec mon thé citron, que j'avais bu, ensuite rallongé avec l'eau chaude, vitaminé grâce au citron (là, je me répète), et c'est faussement candide que j'attaquai ce café au lait-croissants chauds qui a depuis peu remplacé dans notre civilisation le « déjeuner d'affaires ». On « petit déjeune », maintenant.

Petit déjeuner a au moins l'avantage d'éliminer les cérémonies du choix des mets. On gagne du temps.

Jean Lacouture n'avait pas de temps à perdre.

Moi j'en avais plein.

Je le lui dis, tout en déroulant le croissant-beurre. Je lui dis qu'on ne ferait sûrement pas un livre pour l'été, parce que ce livre-là — et je désignai le dossier blanc qu'il avait posé sur la table, à côté de ses clés de voiture et pas loin de son sac de voyage déjà bouclé — ... ce livre-là, tel qu'il était, je n'en voulais pas.

Jean Lacouture avala le fond de sa tasse de café au lait, rassembla ses affaires et me dit qu'il me trouvait trop sévère. Je lui dis que je ne le trouvais pas assez

sévère. Pas assez sévère envers moi, ni envers Maurice, ni envers lui-même en tant que directeur d'une
collection qu'il souhaitait prestigieuse. Je lui rappelai
la sévérité qu'il exerçait vis-à-vis de ses propres
travaux, elle était flagrante pour qui les avait lus.
Oui j'étais sévère, et je lui demandai de respecter
ma sévérité en oubliant ce projet d'une hâtive
édition d'un « livre pour l'été ». Je crois bien que
je fis quelques remarques sur le fait que je savais
bien que ce n'étaient jamais que des souvenirs d'actrice... Mais je terminai quand même mon petit
discours sur une phrase dans le genre : ... il y aura
peut-être un autre livre, ou il n'y aura pas de livre du
tout.

Je demeurai aussi mystérieuse que le jardin d'un
charmant presbytère. J'avais de bonnes raisons pour
ça. J'étais si peu sûre d'avoir envie de persévérer dans
mes exercices de plongée sous-marine, que je ne
voulais pas fanfaronner en vendant la peau du fameux
ours. Je l'avais localisé mais je ne l'avais pas encore
tué.

Jean Lacouture ne me demanda pas de préciser ma
pensée. Très courtoisement, et même très chaleureu-
sement, il me rassura. D'accord ! ce ne serait pas un
« livre pour l'été ». En tout cas pas pour « cet été ».
En me quittant, il me dit : « Alors, bon travail ! » Je
crois que nous nous étions mieux compris que la
première fois. Je crois qu'il ne croyait pas du tout que

j'allais vraiment travailler. Il n'était pas le seul...
J'étais l'autre.

La petite machine n'en pouvait plus. Elle avait pris
une sonorité métallique qui résonnait désagréable-
ment aux oreilles des premiers vacanciers de la saison.
C'était la fin du printemps 1975, *la Colombe* avait
refait son plein. Montand courait toujours les Caraï-
bes, et nous, nous étions toujours face à la piscine.
Nous, c'est-à-dire la table, la machine, le papier, les
bouts de papier, le ruban adhésif qu'on appelle
« Scotch Magic », des crayons à feutre de couleurs
diverses, la lampe, le cendrier et aussi un peu de
« Scotch » pas « Magic » du tout, mais parfois bien
agréable dans un verre avec de l'eau.

Nous étions là. Ma panoplie et moi. Au début, je
pensais que la table, miraculeusement placée devant
la fenêtre, était une table comme toutes les tables. A
mon insu elle devint LA table. Le désordre que j'y
laissais me choquait dans les premiers temps, et quand
je m'aperçus que je n'avais aucune envie de le
réparer, je réalisai du même coup qu'il m'était nécessaire. Alors je commençai à laisser des petites notes
pour Blanche ou Maryvonne ou Annie glissées en
travers du margeur de la machine : « Ne pas toucher

en faisant le ménage, SVP. » Je ne savais pas très bien si j'étais en train de me prendre au sérieux ou d'imiter ce que j'avais lu à propos des gens qui écrivent.

Peu à peu les vacanciers étaient devenus des estivants, et les mûrissantes dames américaines en quête de silencieux bronzages au bord de la piscine s'étaient transformées en bruyants joueurs de water-polo. J'avais sûrement troublé les rêvasseries nostalgiques des dames américaines avec mes petits marteaux métalliques, maintenant c'étaient des joueurs de water-polo qui troublaient mes quêtes de plongeuse sous-marine.

Je fis mes paquets. Abandonnai ma table qui redevint une table pour le prochain pensionnaire. J'embarquai quand même la petite machine. Elle était incurable, diagnostiqua un spécialiste d'Évreux qui me vendit une machine sérieuse, très chère, mais apparemment increvable.

La nouvelle machine fut installée sur la belle table ronde d'Autheuil, exactement à l'endroit où les feuilles roses étaient tombées un an auparavant. Je réorganisai le désordre de Saint-Paul. Je ne pouvais plus m'en passer. Je n'étais plus en train d'imiter, de copier. J'étais devenue maniaque. Maniaque à part entière.

Il ne me restait plus qu'à travailler.

C'était la première fois de ma vie que j'allais travailler sans être prise en charge.

Au cinéma, c'est bien, parce que c'est comme à l'école. On vous donne votre devoir du lendemain écrit sur une feuille qui s'appelle feuille de service. On vous invite fermement à être prête à tourner à une heure fixée par des spécialistes et on vous prie de prendre connaissance des numéros de la scène qui est prévue. La prise en charge commence au moment où l'étudiant qui s'est trouvé un travail de nuit intérimaire vous appelle au téléphone en vous annonçant : « Ici, Service des réveils, il est 6 heures », et elle s'arrête au moment où c'est vous, qui, avant d'éteindre la lampe de chevet, après avoir relu la scène que vous devez tourner le lendemain, faites le numéro du Service des réveils pour demander qu'on soit gentil de vous réveiller demain à 6 heures. Entre-temps, c'est-à-dire entre ces deux coups de téléphone, qui peuvent parfois être des échanges téléphoniques de cliente d'hôtel à veilleur de nuit pour peu que vous soyez en extérieurs, vous avez roulé sur des rails qui n'ont pas été posés par vous. Ils ont été posés par des gens qui savent très bien, ou croient savoir très bien, quitte à s'apercevoir un peu tard qu'ils ont raté leur terminus, où ils veulent faire aboutir leur train. Vous, vous êtes un des wagons de leur train, que vous soyez un wagon Pullman ou un wagon de marchandises, au coup de sifflet du chef de gare vous êtes mise en route, sur les rails.

Même si ce n'est plus vous, mais « Elle », c'est-à-dire le personnage qui s'est installé dans votre peau, temporairement, qui a les doutes, les angoisses, les terreurs qui peuvent provoquer des arrêts imprévus en pleine campagne, le train repart toujours. Et c'est toujours « Vous » avant de redevenir « Elle » qui répondez « allô » à 6 heures du matin quand on vous intime l'ordre de vous réveiller. L'ordre d'obéir à la première instruction de la journée.

C'était la première fois de ma vie que mon travail ne dépendrait que des ordres qu'il allait falloir m'intimer à moi-même, et auxquels je n'aurais aucune excuse de désobéir.

A *la Colombe* aussi je m'étais donné des ordres, mais il m'était arrivé quand même souvent de me désobéir. Il y avait les excuses et les prétextes. A *la Colombe,* il y avait aussi une prise en charge, celle de l'amitié. Mais cette prise en charge-là n'est pas celle qui vous met sur les rails du travail. C'est celle qui vous fait traîner un peu plus longtemps à table qu'il ne le faudrait, pour être *vraiment* à 14 heures 30 devant LA table.

C'est bon de traîner à table avec des gens qu'on aime bien. C'est dur de décider qu'on a assez traîné quand ce n'est pas un assistant qui vient vous chercher en vous disant : « On est prêts, on vous attend pour tourner. » Personne ne vient vous chercher pour vous dire : « On vous attend pour écrire. » Alors, parfois, vous n'allez pas écrire, et vous vous désobéissez d'autant plus facilement que tout ça se passe dans un endroit où pendant vingt-sept ans de solides habitudes vous n'êtes venue que pour vous reposer du dernier « allô, ici Service des réveils... On vous attend on est prêts à tourner » avant d'attaquer le prochain...

A *la Colombe* je m'étais plus souvent désobéi que je ne le racontais plus haut. Ce n'était peut-être pas « tous les jours je m'installais à 14 heures 30 » qu'il aurait fallu écrire tout à l'heure, mais « souvent je m'installais... ».

Et c'est probablement parce que je me désobéissais trop souvent, que j'avais finalement fait mes paquets et que j'étais rentrée à la maison.

Il ne me restait plus qu'à travailler.

C'était bien joli d'avoir installé la belle machine toute neuve après avoir reconstitué le désordre de LA table de Saint-Paul. C'était intéressant d'avoir la certitude que j'étais devenue maniaque à part entière. C'était beau de contempler les jolies formes et les belles couleurs des crayons à feutre. C'était instructif de bien apprendre le maniement de la nouvelle machine, en tapant « Monsieur le Directeur de la Grande Maison de Blanc... J'ai l'honneur de vous... ». Et puis de taper « MONSIEUR LE DIRECTEUR DE LA GRANDE MAISON DE BLANC ». Et puis d'essayer le même texte sublime sur le ruban rouge. Il était impérieux de bien repérer le système de blocage de la marge, et le petit taquet qui fixe les plages des interlignes.

J'étais comme Vanel dans *le Salaire de la peur* quand il veut tout vérifier : les pneus, les lumières, le régime du moteur de ce camion dans lequel il a tout fait pour s'embarquer... et avec lequel il ne veut plus partir. Parce qu'il a peur.

J'avais peur.

J'avais peur de relire ce que j'avais écrit à *la Colombe,* j'avais peur de découvrir que tout ça n'avait été en somme qu'un passe-temps pour l'été. Un peu comme certains canevas qui m'avaient passionnée à faire (j'en avais des dizaines, inachevés) ou ces centaines de petits carrés de cotonnades dépareillés et soigneusement découpés qui attendent toujours de devenir le plus beau patchwork du département de l'Eure.

Les canevas, les récupérations de cotonnades, les passades passionnelles pour un nouveau jeu, les « passe-temps pour Dames et Demoiselles », c'était toujours au milieu des autres qu'ils étaient nés, avaient vécu, et avaient été abandonnés. Quelquefois à *la Colombe,* plus souvent ici à Autheuil, mais toujours au milieu des autres. Avec les autres, avec le bruit que faisaient les autres. Contre les quolibets, ou grâce aux quolibets des autres, des « allez, laisse tomber ton coussin ridicule et viens manger, on t'attend », des « bon, nous on va se baigner, on ne veut pas te déranger dans ton travail, tu nous feras signe quand tu auras envie de notre compagnie »...

Même les traductions que j'avais toujours finies, elles, je les avais faites au milieu des autres. J'avais déjà usé du « je vous laisse, je vais travailler... », mais avec la bonne certitude rassurante, ponctuée par les rires, même lointains, que tout à l'heure j'allais retrouver les autres.

Les autres... le Paradis.

Qu'est-ce qui m'avait pris de me choisir cet enfer personnel ? de me l'organiser ? Je savais très bien qu'elle serait vide cette maison, d'habitude toujours pleine. Tous les autres, tous les miens étaient ailleurs, j'étais à 90 kilomètres de Paris... et personne n'allait tout d'un coup passer la tête à travers la porte pour me dire : « J'étais dans le coin, tu m'offres un café ? »

Le premier jour je ne fis rien. Mais ce qui s'appelle rien. J'étais assise à la table, j'avais enroulé une feuille toute vierge sur la machine toute neuve, les différents « Monsieur le Directeur de la Grande Maison de Blanc... » m'avaient narguée pendant trop longtemps, et maintenant c'était celle-là, la vierge, qui se foutait de moi.

J'étais atteinte d'immobilisme. J'étais paralysée par la peur.

C'était très voisin du trac, ce que je ressentais. J'avais froid et j'avais comme un grand trou de mémoire. Je ne savais plus qui était le personnage que je jouais, et je n'osais pas entrer en scène. Je n'osais pas formuler la première phrase qui allait me pousser à taper sur les touches. J'en avais quinze différentes dans la tête, des phrases de début. Je les appréciais, les détestais, les répudiais les unes après les autres. Mais, ce que je n'arrivais pas à comprendre, c'était ce trac qui me retenait de les mettre sur le papier, quitte à déchirer le papier après. J'avais beau considérer l'épaisse rame blanche que je m'étais mise à disposition, bien fonctionnellement installée sur une chaise à ma droite, pour pouvoir attraper, quasiment au vol, la page... la page suivante, sans perdre le temps qui risque de laisser s'évaporer l'adjectif, celui qui nécessairement doit suivre le mot, le dernier tapé tout en bas, à droite de la page « imprimée » dans la fougue... avec tant de fougue que je n'entends même pas le petit bruit de crécelle qui accompagne la sortie de la page de la petite rotative, et que je ne l'entends pas, parce qu'il n'y en a pas, car le levier de retour à gauche n'offre à l'adjectif irremplaçable que le rouleau caoutchouté puisque la feuille a été tellement remplie qu'il ne reste qu'à la cueillir. (Ouf !) Elle est sortie toute seule sans bruit, et c'est là qu'il ne faut pas perdre de temps pour marquer l'adjectif qui pourrait bien vous jouer la fille de l'air pendant que vous courez après votre papier...

J'avais donc pris mes précautions en prévision de la fougue en question, quand j'avais mis la panoplie en place.

Je contemplais la rame, et revenais à la page vierge. Je calculais que j'avais là à ma droite de quoi réparer des milliers et des milliers d'erreurs, en recommençant. Je me disais que je n'avais jamais été pingre. Ce n'était quand même pas le souci de ne pas gaspiller le papier qui m'empêchait de commencer.

De commencer... de continuer, oui ! Et de continuer quoi ? Quelque chose que j'avais peur de relire de peur de découvrir que c'était bel et bien ce que je craignais, un « ouvrage de Dames et Demoiselles » pour les vacances, et rien d'autre.

Si c'était cette découverte-là que je devais faire, je me connaissais assez pour savoir que je laisserais tout tomber. On ne peut pas avoir le goût de « continuer » en ayant l'arrière-pensée que, de toute façon, le début sera à refaire. Alors, j'aimais mieux ne rien savoir du tout. Je voulais redémarrer, redécoller, avec pour seul tremplin ce choix que j'avais fait d'être venue m'enfermer, loin des autres. Ce que j'avais à raconter maintenant devait certainement exiger la solitude puisque c'était moi qui avais choisi d'y entrer, en solitude.

Le temps passait. La page vierge me contemplait.

J'avais maintenant trois pôles de tentations auxquels je ne voulais pas succomber. Les pages roses de
l'enregistrement, les pages blanches du replâtrage, les
« inédits » de *la Colombe*. Les trois dossiers étaient là.
Pas à portée de la main comme la somptueuse rame de
papier dont les millions de feuillets étaient en attente,
mais ils n'étaient pas loin, enfin ils étaient dans la
pièce. Il n'y avait qu'à se lever pour les saisir.

Je ne me levais pas.

Je ne désirais pas m'informer. Je voulais que ça
reparte tout seul. Et ça repartirait, sans copier sur
personne, y compris sur moi-même, et ça repartirait
LÀ, exactement en haut à l'extrême gauche de cette
idiote de page. Juste après l'espace que j'avais si
soigneusement réservé à la marge, tandis que je
mettais mon nouveau matériel au point. Ou bien ça ne
repartirait jamais.

Et puis je me levai, j'allai me laver les mains, je me
regardai dans la glace. Je songeais à ouvrir la télé,
brancher la radio, mettre un disque, et je ne le faisais
pas. Non, non, elle ne m'aurait pas comme ça, cette
petite garce, et je me rasseyais devant elle.

Plus les heures vieillissaient, plus la page vierge
devenait une ennemie déjà aguerrie et prête à toutes
les parades. Je faillis me commencer une lettre à moi-
même, juste pour voir si je pouvais fonctionner, je
n'osai pas la commencer, cette lettre. J'avais beau me

94

dire que personne ne le saurait, si c'était très mauvais je déchirerais. Ça ne marchait pas.

Cette page-là était indépucelable.

Je la laissais, enroulée sur la petite rotative, elle était vierge et c'était moi la martyre. Et en allant me coucher ce soir-là, je me mis sournoisement à préparer dans ma tête un plan de rapatriement rapide vers les miens, les autres qui étaient à Paris en train de faire des choses ensemble, de rire ensemble, de travailler ensemble, même peut-être d'en baver ensemble, mais ensemble et pas seuls contre une sale petite prétentieuse qui exige qu'on la surprenne, alors qu'on est impuissant(e)...

Avant de m'endormir, ce qui prit un certain temps, j'essayai de localiser le petit brin de laine sur lequel j'avais tiré pour me mettre en route à *la Colombe*. Ou plutôt d'en localiser un autre. Celui-là avait déjà constitué le noyau d'une petite pelote, seulement cette pelote — l'équivalent d'une demi-manche peut-être —, au lieu de la rouler dans le grand restant du pull-over, comme on doit faire quand on tricote et encore plus quand on détricote, je l'avais stupidement mise à part. J'avais sectionné la laine. J'étais si sûre de moi, trois jours avant. Et, dans cette attente du sommeil, je croyais voir des dizaines de trous de mites offrant des dizaines de brins sur lesquels je savais que je devais tirer, mais ils étaient dispersés.

A l'encolure, dans les mailles des côtes, dans le dos, et j'étais incapable de choisir le bon.

Et c'est parmi de grands bouts de laine frisottés comme par une permanente, des grands bouts de laine de toutes les couleurs qui se mélangeaient, refusaient de devenir des écheveaux et plus encore des pelotes que j'entrai dans le demi-sommeil, consciente encore assez pour me dire à voix haute : « C'est foutu, c'est dommage... laisse tomber, allez, demain on s'en ira. »

« *Le lendemain, elle était souriante...* » C'est en fredonnant cette romance immortelle que le lendemain justement, vers 9 heures du matin, je descendis l'escalier en sautillant comme une gamine de 54 ans. Au bas de l'escalier, au lieu de tourner vers la gauche, côté sortie *nach* Paris, je me dirigeai résolument vers la droite direction Travail. Je le tenais le brin de laine. Le bon.

Je ne suis pas sûre qu'il ne faille pas se découvrir d'un fil en avril, personne n'est jamais venu me prouver que l'appétit vient en mangeant, ni que le ciel aidera nécessairement ceux qui s'aident eux-mêmes, mais le premier qui prétendra devant moi que la nuit ne porte pas conseil sera privé de dessert.

C'est sans chichis, sans faux prétextes, sans vérifications des accessoires de la panoplie, que j'attaquai cette horrible petite salope de la veille qui, au bout de quelques minutes, devint ma complice la plus docile, la plus servile. Tellement servile, qu'elle fut expulsée très vite de sa place, pour être remplacée par une de ses copines que j'attrapai avec une dextérité retrouvée, sur le dessus de la rame de papier blanc, qui la veille au soir était encore vouée au pilon. Enfin, un pilon du genre « dans la commode qui est dans le petit corridor du premier étage, il y a plein de papier machine » que je n'aurais pas manqué de proposer à l'un ou à l'autre des autres qui avaient pris l'habitude d'écrire dans cette grande maison (à Boris Villeneuve ou à Federico Sanchez, par exemple). Et qui y écrivaient, eux.

Et je sais aujourd'hui que c'est la mort dans l'âme que je leur aurais offert, puisqu'ils étaient dangereusement « en manque », des doses de ce papier que j'avais été incapable d'utiliser moi-même.

Mais, les jours se suivent et ne se ressemblent pas, une hirondelle ne fait pas le printemps, qui pleure aujourd'hui rira demain, pierre qui roule n'amasse pas mousse, après la pluie le beau temps et par conséquent...

Le lendemain elle était sourian-teu
A sa fenêtreue fleurie chaqueue soir
Elle arrosait ses petit's fleurs grimpanteueues
Avec de l'eau de son arrosesoir...

97

Elle ne fut pas souriante tous les lendemains matin, et les petites fleurs ne grimpèrent pas toujours facilement, les arrosesoirs étaient parfois taris, mais cependant elle resta à sa fenêtre, et à sa machine.

Le brin de laine, le bon, celui qui déclencha tous les vrais retours en arrière, et les vraies avancées, c'est une phrase apparemment anachronique, puisque dans le bouquin elle interrompt brutalement le récit de l'année 1944, je vais la recopier, maintenant, je lui dois bien ça :

> En 1959, un jour d'hiver-été californien, Montand a dit tout à coup : « Dans le fond, nous, on est des survivants ! » On était à table, le serveur venait de déposer les verres d'eau remplis de glaçons, le tintement des glaçons, c'est le bruit de fond de tous les repas américains, et encore plus à Beverly Hills où on n'entend pas de bruits de ville. On n'entend que des bruissements, etc. etc. (page 84 dans le livre de poche que je me suis fait acheter à Vence il y a trois jours, histoire de faire marcher mon propre commerce...).

Alors, comme je sentais que je tenais le bon bout (de laine), j'eus enfin le courage de relire le passe-temps des vacances. Ça sentait un peu... les vacances. C'étaient des flâneries dans des gares miniatures, des plongées sous-marines en très petite profondeur, des tableautins, en quelque sorte, sur lesquels il serait toujours temps de revenir puisque, maintenant, j'étais partie. J'étais partie à cause de « Dans le fond, nous, on est des survivants ! ».

C'était la clé.

Et puisque je tenais la clé, j'allais dorénavant m'en servir pour décadenasser sérieusement les malles englouties et rouillées qui gisaient en grande profondeur. Celles qui contenaient les vrais pourquoi et les vrais comment, l'enfant de Neuilly-sur-Seine et l'enfant de la Cabucelle pleuraient dans les bras de l'un et de l'autre dans le mois de novembre 1956. Alors qu'ils étaient nés tous les deux en 1921.

La rame ramait. Les feuilles blanches placées à ma droite diminuaient pour venir grossir le dossier noirci placé à ma gauche. Le silence ne me pesait plus. Le moindre bruit m'était insupportable, sauf quand c'était celui de la campagne, enfin des oiseaux en partance ou à la rigueur celui d'une lointaine tondeuse à gazon poussée par un Parisien en week-end automnal dans sa fermette voisine.

Les autres, les miens ne me manquaient pas. Ils me manquaient si peu que s'ils avaient fait « Coucou, me voilà, je passais dans le coin, tu m'offres un café... »

(comme je l'avais tant souhaité le jour abominable de la bagarre avec la vierge, qui était en passe de devenir grand-mère, vu qu'elle était tout en dessous de la pile qui s'accumulait sur ma gauche), ils me manquaient si peu, donc, que je les aurais virés comme on peut seulement virer les gens qu'on aime et qui vous aiment.

De tous les autres, le seul qui me manquait, c'était l'Autre, le complice. Maintenant, je le savais, c'était plus « nous » que j'écrivais que « je ». C'était bel et bien de notre mémoire, non pas croisée mais partagée, qu'il s'agissait.

Montand revint donc dans sa maison autant qu'il le put. Il faisait des aller et retour Paris-Autheuil Autheuil-Paris entre deux leçons particulières de tir à balles réelles. Il apprenait à devenir tireur d'élite sur un objet terrifiant qui s'appelle « Python 347 ». C'était un entraînement à l'accéléré vu qu'il n'avait pas fait ses classes.

Parfois, il lui arrivait de rester 48 heures sans venir. En rentrant, il prenait connaissance de nos dernières nouvelles d'il y a 27... 25... 20 ans. Enfin presque 20 ans, pas tout à fait.

Je le sais exactement parce que cette manie de dater, qui peut lasser certains, me permet d'affirmer aujourd'hui que, le 22 septembre 1975, alors que j'en étais à raconter notre étape bulgare (février 1957), Montand sécha ses cours de balistique pour effectuer un aller et retour en Espagne, en compagnie de Costa-Gavras, Régis Debray, Michel Foucault, Jean Lacouture, le R. P. Landouze et Claude Mauriac dans le but utopique de sauver cinq jeunes hommes dont je vais réécrire les noms, comme je l'ai déjà fait dans *la Nostalgie*. Ils ne disent probablement plus rien à personne, sauf à leurs mères, leurs enfants, leurs fiancées et leurs camarades : Angel Otaegui, José Humberto Baena, Ramon Garcia Sainz, José Luis Sanchez Bravo et Paredes Manot. Comme je vais réécrire le nom de ceux qui demandaient à Franco de ne pas exécuter ces cinq-là : ils s'appellent Malraux, Sartre, Aragon, Mendès France, François Jacob. Tout ce beau monde rêvait, et le vieux crocodile fusilla tout son monde le 28 septembre 1975.

En fait, c'est par pur égoïsme que je viens de faire cette parenthèse. J'avais besoin de situer précisément dans le temps, le temps qu'il m'avait fallu pour raconter 1956-1957. Considérant que, fin septembre 1975, j'en étais déjà à la Bulgarie, qu'il ne me restait que la Yougoslavie, la Hongrie et le retour à Paris, fin mars 1957, je n'avais pas chômé une fois la réconciliation consommée entre la vierge et moi. Évidemment, j'aurais pu dire « je me souviens qu'en septembre 1975, j'attaquais la fin du voyage à l'Est » ou « les feuilles commençaient à tomber alors que j'écrivais toujours », et puis j'ai préféré radoter et reparler des cinq ultimes martyrs du franquisme. Après tout, si les chrétiens n'avaient pas radoté, personne ne saurait plus aujourd'hui qui était sainte Blandine.

Quoi qu'il en soit, comme après septembre vient toujours octobre, c'était bien fin octobre que je devais, moi aussi, rejoindre la troupe de *Police Python 347*. C'était devenu un titre, et non plus seulement un violon d'Ingres pour mon mari. C'était devenu le titre d'un film qui allait commencer, qui allait se tourner en partie à Orléans, et dont Alain Corneau était le metteur en scène.

Quand Alain vint me voir à Autheuil pour me parler, comme savent le faire les metteurs en scène qui ont besoin de parler avec les gens qu'ils ont choisis, il se trouva devant une personne qui n'écoutait pas ce qu'il disait, et qui louchait vers sa machine. Je pense que, si cette personne n'avait été la signataire d'un contrat, Corneau s'en serait retourné vers Paris avec la ferme intention de trouver au plus vite une autre dame artiste que ça intéresserait de se faire expliquer qui était Thérèse, pourquoi ses chemises de nuit devaient avoir l'élégance un peu surannée des pièces de lingerie fine que savent encore confectionner de leurs mains certaines brodeuses de province, dernières pourvoyeuses des trousseaux pour dames et demoiselles de la bonne société, ou encore, et ce n'était pas la moindre des choses, d'où lui venait cette paralysie qui la clouait sur ce grand lit dans lequel elle régnait néanmoins sur tout l'environnement.

102

Mais la personne était bel et bien sous contrat, et c'est cette contractée absente qu'Alain Corneau quitta au milieu de l'après-midi, non sans inquiétude pour l'avenir.

Moi, je n'étais pas inquiète, j'étais atterrée. J'avais saboté dans cette demi-journée les moments qui avaient toujours été ceux que je préférais, du plus long que je me rappelle ; ces moments où, pour la première fois, avec une timidité d'amoureux, en tâtonnant, par prudence, le metteur en scène et les comédiens osent enfin parler de l'autre : le personnage. Ce personnage que le comédien a rencontré sur le papier, alors que le metteur en scène l'a porté dans sa tête et dans son cœur bien longtemps avant même de le mettre sur le papier et de vous donner le papier à lire. Alors, quelques semaines avant le tournage, sous prétexte d'aborder des problèmes de costumes, comme on dit (ce qui vous a un côté futile pour tous ceux qui ne sont pas du bâtiment), survient cette rencontre qu'un seul mot maladroit peut transformer en divorce anticipé. Le « Je pense que, là, elle aurait un grand chapeau rouge... » de l'actrice à son metteur en scène, qui a rêvé son héroïne en foulard de coton noué sous le cou, peut en une seconde semer la terreur. « Un grand chapeau rouge... pense en lui-même le metteur en scène, mais elle n'a rien compris... » Trop tard, Gaspard ! Allons-y Alonzo !

Tout ça pour dire que la grande joie, dans la

préparation d'un film, c'est justement le contraire de ce que je viens de raconter, c'est justement le grand chapeau rouge, quand il a été rêvé séparément par l'un et par l'autre, qu'ils se le disent, et qu'ils sont tout heureux de constater qu'ils se rencontrent sur la même route.

Ce jour-là je n'avais rencontré personne. Je n'avais pas marché sur la route. J'aurais donné des millions pour parler avec Alain Corneau de la Yougoslavie que je venais de terminer. Je finis par lui offrir de force quelques pages à lire, les plus fraîches. Il fit très gentiment semblant de s'y intéresser, alors qu'il ne pensait qu'à son film. Il me rendit les feuillets que je rapportai près de la machine et, me voyant en tripoter d'autres, pris soudain de terreur à l'idée qu'il lui faudrait les lire aussi, il regarda sa montre et décida qu'il était temps pour lui de regagner Paris. Je le raccompagnai, très soulagée de n'avoir plus à penser à Thérèse-la-paralytique, cette emmerdeuse qui m'avait empêchée de faire notre entrée dans Budapest.

C'est un quart d'heure après son départ que je fus atterrée. Si j'avais pu être comme ça aujourd'hui, c'était un signe. Le signe que je n'aimais plus mon métier.

Je me jouai un petit gala d'adieux à la scène, à l'écran et à mon cher public pendant quelques minutes, à haute voix, tandis que j'enroulais une nouvelle feuille blanche sur la petite rotative qui serait désormais le seul accessoire de ma nouvelle vocation, puisque ma première vocation m'avait abandonnée...

Dans la soirée, j'appelai néanmoins Corneau. Je lui demandais pardon de lui avoir laissé faire 92 kilomètres dans un sens et 92 dans l'autre pour rien. Je lui demandais aussi qu'il me laisse une semaine pour finir, en tout cas pour en finir avec cette horrible année 1956-1957. Je lui promis que Thérèse aurait bien la garde-robe de l'éternelle allongée qu'il souhaitait, et je jurais que je saurais me déplacer en chaise à roulettes aussi habilement que Montand serait habile à tuer son homme à six pas.

Huit jours après, je fermais la machine. J'avais été jusqu'au bout de ce voyage à l'Est. J'avais tout écrit, nos désarrois, nos surprises, notre complicité, notre fatigue, notre retour et notre bilan. Je n'avais rien laissé à la traîne, je me l'étais fait une fois le coup de la laine qu'on sectionne, je ne me le ferais pas deux fois. Cette portion du livre, elle était finie. Les trois quarts du pull-over étaient détricotés.

Je rassemblai les accessoires de la panoplie et rendis à la belle table ronde son aspect d'origine, celui d'une table de salon campagnard. J'emballai le tout, la machine, les crayons-feutres, le « Scotch Magic », encore beaucoup de feuilles blanches à remplir, mais énormément de feuilles déjà noircies, pour le meilleur ou pour le pire, mais noircies, dans un gros sac de simili-cuir noir lui aussi. Ça faisait un genre attaché-case du pauvre. L'attaché-case allait vagabonder avec moi, où que j'aille, pendant les mois à venir. Ils furent nombreux. Je vagabondais énormément, et à chaque nouvelle étape la rusticité et surtout le poids de l'attaché-case surprenaient...

La première personne qui parut surprise fut le jeune chasseur du très bon hôtel d'Orléans dans lequel la production s'était installée. Après avoir convoyé mes bagages à travers des corridors, il manipula son passe et m'introduisit dans l'appartement. C'était un deux-pièces-kitchenette-télé-couleur-salle-de-bains-douches. Il déchargeait son chariot dans la première pièce, la section chambre à coucher, tandis que je visitais. Avec ravissement, je découvris, dans la section salon, une grande table blanche, ovale et longue. Une main attentionnée avait déjà placé une haute lampe façon Tiffany-Knoll (mais sans ces dessins multicolores qui distraient l'attention) sur la droite de la table. Sur la gauche il y avait une corbeille de fruits sous cellophane avec une carte qui disait « Bienvenue et bon travail » signé « la Direction ». Pas de doute, la nouvelle avait transpiré ; on savait déjà à Orléans qu'il me fallait une table de travail.

Je revins dans la section habitat. Le jeune homme avait disposé mes bagages par ordre de taille. Il était sûrement un peu déçu par l'absence des vanity-cases en croco, ou des housses plastifiées, certifiées LV, auxquelles il s'attendait, vu qu'on venait faire du cinéma.

Au milieu de sa petite famille de bagages l'attaché-case faisait mauvaise figure. Il n'était pas assez long pour être l'aîné de cette théorie, il était trop gros pour être le dernier, et c'est pourquoi, sans doute, le jeune homme l'avait mis un peu à part. Comme il voulait m'accommoder au mieux, comme on dit, il me demanda où je désirais qu'il plaçât « ÇA ». Je lui répondit « LÀ », en lui désignant la table qui, de toute évidence, attendait mes prochains travaux. En trébuchant quelque peu sous le poids, le jeune homme fit passer l'objet de la section habitat à la section salon. Je le remerciai et il s'en alla.

En poussant la porte de communication qui reliait mon deux-pièces-kitchenette-télé-couleur-salle-de-bains-douches à l'appartement de mon mari, je découvris que, dans son côté salon, il y avait une grande table blanche, ovale et longue. Qu'une main attentionnée avait déjà placé une haute lampe façon Tiffany-Knoll (mais sans ces dessins multicolores qui distraient l'attention) sur la droite. Sur la gauche il y avait une bouteille de champagne sous cellophane et dans un seau il y avait une carte aussi qui disait « Bienvenue et bon travail » signé « la Direction ».

Je repassai chez moi et déballai mes accessoires.

Une fois la panoplie reconstituée, je m'assis quelques instants à la table. C'était parfait. Ah! les bonnes heures que j'allais passer là en attendant le retour des travailleurs, les jours où je ne tournerais pas! Ils seraient nombreux. La pauvre Thérèse, en raison de son infirmité, avait fort peu à faire dans les rues d'Orléans. Et puis, même les jours de tournage, qui sait?, pourquoi ne pas trousser quelques pages, le soir en rentrant, avant le dîner, après la douche. J'étais ravie. Et je décidai d'aller justement la prendre, la douche; de me changer, d'accrocher mes vêtements dans les placards et de descendre au bar retrouver les autres dont les arrivées s'étaient échelonnées dans la journée et qui nous attendaient pour dîner.

Avant de se coucher, la future ex-actrice fit un petit crochet pour aller encore une fois contempler sa table de travail. A peine avais-je ouvert la porte, et avant même d'allumer l'électricité, je savais à l'odeur que ce cabinet de travail n'était plus ce qu'il avait été (pardon...) quelques heures auparavant. Ça sentait la poudre de riz, le vernis à ongles, l'eau de bleuets, la térébenthine un peu citronnée et le Shalimar. J'allumai. Contre l'autre mur, faisant face à la table de travail, une autre table avait été dressée. Bien rangée sur un beau tissu éponge, rose, toute la panoplie de Maud avait trouvé sa place, comme d'habitude. Au centre de la table il y avait une glace. Huit ampoules laiteuses étaient fixées sur le cadre de bois qui

108

ceinturait la glace itinérante. Accroché à la douille de l'ampoule du milieu, à droite, le serre-tête, en nylon gaufré, rose et bleu, dont les élastiques commençaient à se détendre, avait quand même un petit air de fête et, devant la table, il y avait une chaise. Sur le dossier de la chaise, la veste d'un pyjama attribué aux arts martiaux japonais (acheté aux Trois Quartiers, rayon Extrême-Orient) attendait d'être enfilée par la cliente. Comme chez le coiffeur.

Je m'assis devant la glace. Je l'illuminai. Il suffisait de pousser sur un petit interrupteur. La fausse lumière du jour, si familière, fit son entrée dans le cabinet de travail. Dans la glace je me regardai. En arrière-plan, on pouvait distinguer une machine à écrire, des dossiers, un gros tas de papier blanc, et une série de crayons aux couleurs diverses.

Et ce qui devait arriver arriva.

Les jours où je ne tournais pas, je tournicotais autour de ceux qui tournaient.

Les jours où je tournais, je tournais.

Pas un seul soir, en rentrant, je n'eus envie de pianoter sur la machine. Elle commençait même à m'agacer singulièrement, celle-là, en réflexion dans la glace de Maud. L'ex-future ex-actrice dut en convenir : elle n'aimait plus son nouveau métier.

Avec une sorte de méchanceté à mon propre égard, je m'efforçai cependant d'enrouler une page blanche pour qu'il ne soit pas dit (à qui ? à moi...) que je n'avais rien fait pendant ces jours à Orléans. J'écrivis une phrase, je ne sais plus du tout ce qu'elle était, elle était censée faire repartir l'action après le grand repos tchékhovien au retour de l'Est. Elle ne fut pas efficace, ne fit rien repartir du tout ; je m'ennuyai avec elle pendant une petite heure, un jour justement pendant lequel je ne tournais pas ; je me sentais punie, en retenue, pendant que les autres sont à la récréation, et je laissai tout en plan pour courir vers les berges de la Loire retrouver les miens qui, eux, ne se prenaient pas pour Jean-Jacques Rousseau...

La page et la phrase me narguèrent pendant presque tout le séjour, elles faisaient partie du décor de la salle de maquillage. Je finis par remballer le tout dans le gros sac, que je plaçai sous la table : on aurait dit une grosse chatte noire, enceinte de cent petits.

Le jour du départ, le jeune homme vint prendre les bagages. En soulevant l'attaché-case, il eut le sourire de l'habitué : c'était lourd, ÇA il savait.

Oui, c'était lourd, comme à l'arrivée, plus une phrase.

A peu près deux mois passèrent. Comme aucune table ne sollicitait mon génie créateur, l'attaché-case conserva son apparence de grosse chatte noire et pleine. Je lui avais trouvé une bonne place. Elle était maintenant tapie sous le grand piano, dans la « Roulotte ».

Si je me faisais psychanalyser (*help!*), peut-être qu'on m'expliquerait ce goût que j'ai pour les sommets des placards et les dessous de table (en fait, tout ce qui n'est pas dans la ligne bleue du regard quand il est projeté à partir des trois situations offertes à la position de l'être humain : debout, assise, couchée) dès qu'un objet devient dérangeant.

Il nous arrivait bien sûr de déranger l'objet dérangeant. Les jours de grand ménage. Il n'était pas hygiénique de passer l'aspirateur AUTOUR de la chose, il fallait donc la tirer de dessous sa tanière, aspirer, et vite la remettre à sa place.

Il m'arriva aussi de faire tomber quelque objet sous le piano. A quatre pattes, en tâtonnant — c'est qu'il ne fait pas clair dans ces endroits-là —, je retrouvais le crayon ou le briquet, et ma main effleurait parfois le simili-cuir.

Et puis je me mis à flirter avec l'idée qu'après tout, dans les flancs de la chatte-attaché-case, il y avait ce qu'on appelle dans les éditions sérieuses une première partie. Un tome 1, quoi. Évidemment, un tome 1 ça fait miroiter un tome 2, et le lecteur, passionné par la lecture du tome 1, imagine déjà l'auteur en train de corriger les épreuves du tome 2, qui paraîtront juste à temps pour qu'il ait, lui le lecteur, l'impression de suivre un feuilleton à la télé.

Non. Ça, ça n'allait pas non plus. On ne peut pas annoncer tome 1 quand on n'a sous la main, pour commencer le tome 2, qu'une phrase inutilisable.

Restait la solution genre : « Les lendemains qui chantent », ou peut-être « Quand les lendemains chantaient » ou « Chronique des années cinquante ». Je rêvai dix minutes sur 1921-1956, ça vous avait un côté « science-fiction Orwell » qui était assez dans le vent.

Un peu trop dans le vent peut-être ?... Et puis, non, ça faisait pierre tombale surtout ! Très mauvais ça.

En fait, la solution que je cherchais, et je mis un moment à me faire la grâce de l'admettre, était la suivante : comment se débrouiller pour ne pas terminer ce qu'on a commencé sans laisser se perdre ce qui a été commencé, tout en ayant bonne conscience et sans perdre la face devant quelques amis très chers qui ont eu à supporter vos humeurs d'écrivain, tant que vous vous preniez pour un écrivain, et qui sont instamment priés maintenant de s'abstenir de s'informer poliment sur les progrès de votre ouvrage, étant donné qu'il est en passe de ne jamais devenir autre chose qu'un demi-livre, vu que vous n'avez plus la moindre envie d'écrire.

En même temps que je remuais ces pensées, ou plutôt les remâchais, je jetais des coups d'œil perçants sur les rayons de la bibliothèque, à la recherche des livres les plus minces jamais publiés. Dans le petit

tas des « Essai », « Réflexion sur », « Récit » et
même « Roman » que j'avais sélectionnés unique-
ment en fonction de leur manque d'épaisseur, je
m'assurais, en allant directement à la dernière page,
qu'un livre, UN LIVRE, ça pouvait quelquefois
n'avoir que 180 pages imprimées, parfois 160, et
même 95.

Leur contenu m'était parfaitement indifférent.
Qu'il y eut dans le tas un ouvrage d'Hardellet, de
Giono, de Sartre et de Diderot, ne m'intéressait
absolument pas. J'étais devenue une calculatrice en
pagination.

Voyons, me disais-je au cours de cette journée,
puisque tout ce règlement de comptes entre moi et
moi-même ne dura qu'une journée, si je calcule bien,
une page dactylographiée, même mal, ça représente
quoi, une fois imprimée bien ?

J'allai jusqu'à faire l'essai. Je copiai une page
imprimée, dans UN LIVRE, sur ma machine... Pour
me servir de ma machine, il avait fallu tirer la chatte
de dessous le piano ; je l'avais fait presque furtive-
ment. Il n'était pas question de renouer avec le reste
de la panoplie, et encore moins avec la phrase
inutilisable qui était restée enroulée et que j'arrachai
sans même la lire. La machine fut installée temporairement sur un coin de table, elle était devenue
machine à calculer, un instrument qui me permettait
artisanalement de découvrir ce que n'importe quel

spécialiste de l'imprimerie, du typo au patron de presse, m'aurait annoncé si je le lui avais demandé.

Le résultat de cette intéressante expérience était spectaculaire. Pour une page de ma frappe à moi, avec tout ce qu'elle comportait de manque d'aération et de pingrerie quant à la place allouée à la marge, j'obtenais une bonne page et demie de papier imprimé. Donc, il suffisait de se livrer à un rapide calcul ou plutôt, devrais-je dire, il aurait suffi à n'importe qui d'autre que moi de se livrer à un rapide calcul pour obtenir le chiffre exact des pages imprimées.

Mais les calculs chez moi ne sont jamais rapides ; il me fallait un crayon et un papier pour faire ma multiplication et, pour être tout à fait précise dans ma démarche, puisque j'étais entrée dans mon quart d'heure scientifique, il me fallait aussi vérifier le numéro que j'avais inscrit sur cette dernière page écrite, il y avait si longtemps déjà... me semblait-il (il n'y avait jamais que deux mois et demi, maintenant, que nous avions rompu, l'écriture et moi).

A vue de nez, ça paraissait copieux, en tout cas tout aussi copieux que ce qu'on pouvait trouver dans le tas de ces petits volumes que je remis à leur place, avant de me diriger vers le piano.

Sous le piano, enfin à moitié sous le piano, la chatte, délivrée de la machine, avait repris son aspect de sac. Je saisis le dossier rouge qui contenait le demi-livre que j'essayais de convertir en LIVRE depuis quelques heures.

La dernière page portait le numéro 292. Ah, oui ! quand même ! Et je me disposais à attaquer gaillardement la mathématique primaire, avec la petite croix à gauche qui vous fait faire le contraire de la potence à droite celle qui vous fait diviser, quand je me rendis compte que, malgré moi, j'étais en train de la relire la dénommée 292, et puis la 291, et puis, abandonnant la méthode orientale qui consiste à tourner les pages dans un sens contraire à notre belle logique occidentale, je pris la 290, 289, 288... et les relus dans notre bon sens.

Je ne faisais pas de découvertes, je savais bien que j'y racontais le retour, les retrouvailles avec la place Dauphine, ma dernière vision d'Aragon, la future carrière des petites zibelines itinérantes, et cette image fixe, que j'avais voulue, comme un daguerréotype sépia d'une fausse Sonia et d'un faux oncle Vania s'apprêtant au repos.

Ce n'étaient pas ces images vieilles de vingt ans qui me troublaient, c'était l'image de moi vieille déjà de deux mois et demi quand j'étais en pleine lune de miel avec les mots, pour raconter ces images vieilles d'il y a vingt ans (un peu talmudique, non ? pas étonnant que je feuillette à l'envers...) et celle de moi aujourd'hui prête à négocier un divorce rapide et néanmoins rentable pour ne pas laisser se perdre un produit consommable. J'étais debout... mes feuillets à la main...

J'étais comme ces actrices qui, à la sortie du tunnel dans lequel les a emmurées un grand chagrin d'amour, se désespèrent qu'un auteur n'ait pas été là pour sismographier les hoquets et les mots de leur chagrin, du temps qu'il était fou, et par conséquent fournisseur de dialogue ou de monologue ininventable, irremplaçable. Il arrive que l'auteur, alerté trop tard par l'actrice, un peu après sa sortie du tunnel et soucieuse de n'avoir pas sangloté pour rien, confectionne avec beaucoup d'affection une reconstitution des nuits sans sommeil et des journées passées dans une nuit artificielle procurée par des doubles rideaux et des calmants à retardement, confectionne disais-je un matériel de premier choix pour une grande interprète.

Il arrive aussi que la grande interprète, guérie, au moment où l'auteur vient justement d'achever l'Œuvre qui va raconter son calvaire, le remercie et le prie de s'éloigner au plus vite, étant donné qu'il vient remuer de mauvais souvenirs.

Il arrive souvent que de tels manuscrits atterrissent finalement sur des tables de maquillage de personnes qui n'ont jamais aimé. Et qui les jouent souvent très bien quand même.

Il arriva aussi, je peux le dire, tout le monde est mort maintenant, que Berthe Bovy demanda à Cocteau d'écrire vite *la Voix humaine* pendant qu'elle était folle de chagrin parce que Fresnay l'avait quittée pour Yvonne Printemps. Il le fit si vite, Cocteau, qu'en le jouant Berthe Bovy attribuait au public le rôle du témoin de son chagrin qui était le fait divers artistique de la saison. « Ce serait quand même trop bête de laisser se perdre tout ça sans l'utiliser » est la phrase qu'on rapporte le plus souvent à propos de la naissance de ce monologue fameux. Un peu comme on parlerait d'un hachis parmentier.

ENTRACTE

Recette. Comment réaliser l'enregistrement de *la Voix humaine* de Jean Cocteau, à peu de frais et sans avoir sous la main des tranches de vie encore sanguinolentes de larmes de la veille.

a) Lire quand même attentivement la petite brochure que vous a remise le producteur du disque, à qui vous avez étourdiment répondu que *la Voix humaine* était un vieux machin, et que vous n'aviez même pas besoin de le relire... (ce qui est un mensonge, parce que vous ne l'aviez jamais lu) pour savoir que vous n'aviez aucune envie de le graver dans la cire... à votre tour.

b) Découvrir que pour un « vieux machin » ça tenait encore formidablement le coup.

c) Découvrir, en même temps, que la suprême intelligence du cœur de Cocteau l'a poussé à imposer aux imprimeurs du livre des lignes et des lignes de pointillés, parfois deux lignes, parfois dix, parfois une et demie, parfois trois petits points, en guise de réponses fantômes aux questions de la demandeuse. « La Voix » — qui a, du même coup, toutes les permissions de s'offrir, en les écrivant en abrégé au-dessus des pointillés, en abrégé !, en code, devrais-je dire, les phrases dont elle seule, « la Voix », enfin l'actrice, sait que ce sont celles-là et pas d'autres qui vont lui faire tant de mal, qu'elle sera immanquablement désespérée. (Ne pas s'inquiéter si les phrases n'ont aucun rapport direct avec le milieu social suggéré par l'auteur, seule l'efficacité compte, et un peu de mémoire quand même ne nuit pas.)

d) Finalement, donner son accord au producteur du futur disque, qui est enchanté. D'autant plus enchanté que vous lui proposez de faire ça chez vous, à domicile, plutôt que dans un studio dans lequel vous risqueriez de rencontrer, à travers la vitrine qui sépare la technique de l'artiste enregistrante, les regards absents, narquois ou voyeurs des gars qui en ont entendu d'autres... Il est enchanté donc, parce qu'un enregistrement à domicile n'exige pas une mise de fonds exorbitante... compte tenu, si je puis dire, que l'enregistrante ne se fait pas payer.

e) **Très important :** A partir du moment où vous avez pris votre décision, abstenez-vous rigoureusement d'écouter le moindre enregistrement déjà gravé — en quelque langue que ce soit, sous quelque forme qu'il se présente, même la musicale — de l'œuvre que vous avez décidé d'accommoder à votre façon. Il sera bien temps de le faire par la suite.

f) Choisir très soigneusement le jour et l'heure de l'opération. Dans la mesure du possible, le samedi début de soirée est préconisé. Il est enrichi de toutes les fatigues de la semaine de travail qui vient de s'écouler, il offre l'avantage d'utiliser au mieux vos nerfs qui sont encore tendus (ils seront autorisés à se relâcher le lendemain dimanche) et votre vulnérabilité qui ne demande qu'à s'épanouir, la fatigue aidant.

g) Nous nous approchons maintenant de l'opération en elle-même. Imaginons que l'équipe (c'est-à-dire un monsieur preneur de son sur un Nagra et le producteur du disque) soit convoquée pour 20 heures 30. Il est alors conseillé de commencer à vous conditionner vers 18 heures 30. Vous conditionner à la Solitude.

h) *Pour obtenir une bonne Solitude, quelques suggestions* (plus qu'une suggestion, un conseil, plus qu'un conseil, une consigne : donnez quelques coups de fil à vos familiers, qui risqueraient d'être choqués dans le cours habituel de leurs vies quotidiennes, pour prévenir que votre ligne téléphonique et votre porte seront bloquées entre 20 heures et 22 heures).

Maintenant, les suggestions : rôdaillez un peu dans votre maison, tripotez quelques objets sans valeur apparente, sauf pour vous et votre mémoire. C'est un valable début de conditionnement. Ressortez du placard les deux robes de chambre écossaises achetées à Londres il y a très très longtemps, et dont vous ne savez plus, ni l'un ni l'autre, laquelle est à qui, et enfilez celle qui a emmagasiné dans son tissage les essences de son eau de toilette et de son tabac. Voilà une autre suggestion à retenir. Mais surtout gardez la tête froide, et consultez la pendule : ne gaspillez pas à l'avance ce dont vous aurez besoin pendant l'opération.

L'heure de votre repas a sonné. Vous l'avez fixée aux alentours de 19 heures 30 (c'est un bon horaire, il a l'avantage d'être complètement étranger à vos habitudes, et il précède d'une heure le début de l'opération). Mangez vos deux œufs durs dans votre cuisine silencieuse, revêtue de la robe de chambre en question. Vous avez pris au préalable le soin de vous doucher, de vous démaquiller complètement le visage, et surtout les yeux, et obtenu la satisfaction de réaliser dans la glace que vous présentiez tous les attributs de la délaissée.

Ne perdez pas de vue cependant le réveil Jaz de la cuisine. Comptez les minutes, ne vous laissez pas aller à la délectation morose anticipée. Vous iriez à la catastrophe !

Ne pleurez pas sur vos œufs durs. Essayez d'engranger le chagrin préfabriqué, pour qu'il ruisselle bien tout à l'heure.

Soyez prête à accueillir l'équipe (le monsieur preneur de son et le producteur du disque), faites le petit effort de les recevoir comme s'ils passaient par là, et laissez-les ignorer qu'au moment même où ils arrivent vous avez mis à feu doux la cassolette dans laquelle commençait à roussir votre petite cuisine personnelle.

Laissez travailler le preneur de son. Avec de la gutta-percha, dont la couleur se confond avec celle de l'ébonite du combiné téléphonique qui est au pied de votre lit, à l'entresol, il fixera un microphone, tête capteuse du mince serpent de caoutchouc noir qui va courir le long des quelques marches du petit escalier, pour finalement aboutir à son casque, dont les deux oreillettes

rembourrées de mousse synthétique couleur
« beurre frais » (comme des gants dans les
années trente) lui permettront, une fois qu'elles
auront été mises en place, c'est-à-dire contre ses
deux oreilles, de procéder à l'enregistrement
depuis la pièce d'en bas. Dans la pièce du bas
installez bien commodément l'équipe. Vous
aurez au préalable préparé un petit plateau de
rafraîchissements et d'amuse-gueules qu'elle
pourra déguster pendant votre absence, qui est
imminente maintenant, si l'horaire prévu a été
respecté. Elle devrait normalement durer cin-
quante-cinq minutes, cinquante-sept au plus.
Compte tenu des secondes supplémentaires,
improgrammables à l'avance, qui risquent de
meubler silencieusement l'attaque d'une réplique
suivante. Enfin, comptez en gros une absence de
soixante minutes.

Trouvez une formule sobre pour vous retirer.
« Eh ! bien, à tout à l'heure ! » est élégant, un
peu distant, cependant. « Allons-y ! » revêt un
caractère un peu populiste, qui n'est pas à
négliger, mais qui suggère l'accomplissement
d'une œuvre commune. Je conseillerais, et ce
sera mon dernier conseil (non, mon avant-dernier), un genre : « Je monte, je vais essayer et, si
ça ne marche pas, on s'arrêtera, je sonnerai pour
le faire savoir. » La sonnette, vieux vestige de

toutes les féodalités bourgeoises (je vous sonnerai, ma fille !), restant quand même, si on ne s'en
sert pas comme d'un knout, le seul moyen de
communication rapide et efficace, pour peu que
s'établisse un code, un morse, entre sonnant et
sonné. La sonnette ayant été choisie comme
moyen de communication entre le rez-de-chaussée et l'entresol, vous savez tous les trois que
deux coups ça voudra dire que vous êtes prête à
commencer. Trois coups, que vous êtes en panne
sèche, et que vous désirez arrêter.

Un dernier conseil : munissez-vous d'une boîte
de Kleenex, et là je vous donne un petit truc très
facile à exécuter. A l'aide d'une paire de ciseaux
élargissez et élonguez l'orifice oblong qui fait
office de distributeur de mouchoirs qu'en temps
ordinaire vous découpez suivant le pointillé.
Grâce à cette temporaire mutilation du coffret
d'emballage, facilement réparable plus tard avec
l'aide du « Scotch Magic » si vous désirez rendre
au coffret son aspect hygiénique, vous obtiendrez
un passage de mouchoirs très silencieux. En
effet, le bruissement familier, très supportable
dans la vie courante, risquerait, une fois amplifié
par la proximité d'un microphone, de se transformer en effet sonore (les techniciens appellent ça
« bruitage ») suggérant l'orage en pleine mer ou
le bombardement en pleine ville. Ce qui n'est pas

le but recherché quand vous désirez planter le
décor sonore d'une chambre asphyxiée, véné-
neuse et ouatée, tant les issues avec l'extérieur ont
été hermétiquement bouchées. (S'il devait par la
suite, en cours d'opération, surgir quelques bruits
de circulation urbaine captés par le microphone,
vous n'y prêterez pas attention, ils passeront pour
le symbole de la vie qui continue à l'extérieur,
banale et mécanique, alors que vous mourez
d'amour dans la solitude de la grande ville.)
Voilà pour les conseils et les suggestions. Il ne
vous reste plus qu'à regagner l'entresol, votre
boîte de Kleenex sous le bras, et en faisant bien
attention en montant votre petit escalier de ne
pas vous prendre les pieds dans le mince serpent
noir qui va désormais être le seul lien entre vous
et le monde. (Une chute, une légère entorse à la
cheville, ou un froissement de muscle risqueraient en effet de compromettre toute l'opération. Vos larmes, celles que vous avez commencé
à stocker à partir de 18 heures 30, à ravaler
scientifiquement pour faire de la spéculation, et
être bien sûre de ne les lâcher sur le marché qu'à
l'heure dite ; vos larmes, disais-je, seraient tout à
fait inutilisables si elles devaient jaillir à cause
d'un gros bobo à la cheville.) Alors, pour
conclure : regardez bien où vous posez les pieds
et pénétrez dans votre chambre.

i) Une heure après, sortez de la chambre (je dis LA chambre parce que, si tout a bien fonctionné pendant ces soixante minutes, VOTRE chambre est devenue SA chambre, LEUR chambre quoi ! Et à propos de ce qui s'est passé dans LA chambre, pendant cette heure-là, vous resterez éternellement muette. Ce sont vos affaires et les siennes à « la Voix ». Faites un crochet par votre salle de bains avant d'aller rejoindre l'équipe au rez-de-chaussée pour constater les dégâts dans votre miroir. Des yeux dont le blanc est rosacé, des paupières gonflées à point, et des narines un peu gercées par le frottement du mouchoir en papier constituent à première vue une somme de dégâts constructifs et prometteurs. Mais ne mettez pas la charrue avant les bœufs, et descendez vite vérifier par vous-même, en le goûtant vous-même, si le plat que vous avez cuisiné là-haut, pendant l'heure au cours de laquelle vous avez accommodé tous les ingrédients de votre masochisme personnel, a la même saveur que celle que souhaitaient à la fois l'inspiratrice et l'auteur.

j) Ne vous étonnez pas si le producteur du disque s'étonne, lui, de votre visage défait alors qu'il vous avait quittée, apparemment sereine, une heure avant, et lâche cette réplique (historique) :

« Mais qu'est-ce qui vous est arrivé ? » Répondez sobrement (historique) : « Il m'est arrivé ÇA ! » en désignant les bobines enregistrées que vous priez le preneur de son d'avoir la gentillesse de rembobiner dans un sens qui va vous permettre de goûter votre sauce.

k) **Très important :** Pendànt que se déroule la courte cérémonie du rembobinage, au cours de laquelle vous entendez dans une langue complètement étrangère et à l'accéléré les aigus et les graves de votre voix, enfin de la Sienne, enfin de Vos Voix, prenez le temps de rebrancher votre téléphone et d'aller arracher la petite note collée sur votre porte. Il est possible, il est impérieusement souhaitable que quelques facétieux, parmi vos amis et vos amies, aient laissé les traces de leur passage, en formulant des commentaires dans le genre : « Quand tu auras fini de pleurer dans le téléphone, appelle-nous, on est *Chez Paul,* on mange », ou « A bonne entendeuse, salut ! On repassera tout à l'heure ». Et aussi sous la forme d'un petit dessin qui représente un combiné téléphonique douche-à-main, aspergeant un couvre-lit...
Marrez-vous un bon coup, ce qui ne manquera pas de surprendre le producteur du disque qui, décidément, va de surprises en surprises. Surpris

à votre descente par votre mine défaite, et
comprenant à retardement qu'effectivement sa
question était déplacée après une telle épreuve, il
vient justement de fixer sur son visage la gravité
convenant à la situation. C'est alors qu'il vous
entend rire aux éclats. Non, ne soyons pas
distingués, vous marrer, marrer, marrer en reve-
nant de votre porte, tandis que vous pliez en
quatre la petite feuille encore poisseuse du
« Scotch Magic », que vous mettez dans votre
poche. Comme vous ne lui offrez pas de partager
les raisons de votre hilarité imprévisible quelques
secondes avant, et complètement déplacée par
rapport à la commisération qu'il vient justement
d'imposer aux traits et au regard qui constituent
son visage, il est parfaitement en droit de penser
que, décidément, les artistes, et Dieu sait, enfin
les dieux savent qu'il en a fréquenté quelques-
uns !, sont des gens imprévisibles, futiles, versa-
tiles et superficiels, en un mot capricieux, passant
des larmes au rire, alors que, c'est bien connu,
normalement on doit passer du rire aux larmes.
De grands enfants, eh oui ! tout pareils aux petits
qui s'offrent parfois, cachés dans un placard, des
terreurs et des larmes à se faire croire qu'ils sont
orphelins, et qui sont fous de bonheur quand leur
famille les appelle pour venir dîner.

l) Le rembobinage est maintenant terminé. Arrêtez de rire bêtement, installez-vous confortablement dans votre fauteuil habituel et faites-vous servir en priorité, et pendant qu'il est encore tout chaud, le plat que vous avez cuisiné à l'entresol. Il est indispensable que ce soit vous qui le goûtiez en premier avant l'arrivée de vos convives. Imaginez que vous le trouviez immangeable, il est préférable que vous réalisiez la chose par vous-même. (Rien n'est plus vexant pour une maîtresse de maison, cordon-bleu à ses heures, que de lire dans le sourire crispé de ses invités qui chipotent dans leur assiette, et refusent d'un geste gracieux de la main, mais néanmoins impératif, de reprendre une portion du plat de résistance.) Dans ce cas, n'hésitez pas, jetez ! Jetez sans regrets, même si tous les ingrédients amalgamés dans votre mixture vous ont coûté les yeux de la tête et du cœur.

Imaginez maintenant que vous le trouviez mangeable, votre plat. Vous n'aurez alors qu'une hâte, celle de le servir. Grâce au bain-marie, qui lui aura conservé la chaleur qui était celle de votre dégustation solitaire, votre plat ne sera pas du « réchauffé ». C'est avec une certaine impatience sans doute, et assez injustement, que vous commencerez à vous inquiéter de ne pas voir revenir ceux que vous avez interdits de séjour

129

dans votre maison pour raison de conditionnement à la solitude.

m) Enfin, ils arrivent. Le premier qui arrive fait
beaucoup mieux que d'arriver. Il rentre. Il rentre
chez lui, quoi. C'est un peu après 18 heures qu'il
avait quitté le domicile conjugal anticipant d'une
heure son départ vers un théâtre[1] où l'attendent
ses copains qui lui donneront des vraies répli-
ques, et un public qui va rire beaucoup, pleurer
un peu, et applaudir énormément.
Ne perdez pas de vue qu'il vient de passer
quelques heures très saines, tandis que par
orgueil, défi, ou vanité vous vous êtes offert le
luxe de passer le même nombre d'heures à
mijoter, dans une solitude organisée, le seul plat
que vous n'auriez pas eu l'idée de choisir sur un
menu à la carte de votre propre vie. Ne perdez
pas de vue non plus que son départ, un peu après
18 heures, a été ponctué par un « Déchire-toi
bien, ma chérie, à tout à l'heure » un peu
goguenard étant donné qu'il vous a surprise à
votre insu dans les premiers moments, encore
tâtonnants, de votre quête des ustensiles qui vous
seront indispensables. Mais pas si goguenard que
ça, puisque « en véritable homme du métier »,

---

1. Le Gymnase : *Des clowns par milliers,* 1964-1965.

comme un gentil cireur de Broadway, il choisit de vous fournir le plus indispensable des ustensiles : son absence. Son absence temporaire, mais reçue comme un cadeau. Un cadeau pour bien travailler.

Bien travailler... Il faut toujours un ou des complices pour entrer dans le placard, quand on a cessé d'être le petit enfant qui pouvait, tout seul, se faire croire qu'il était orphelin.

FIN DE L'ENTRACTE

... J'étais toujours debout, la machine à calculer était sur son coin de table. Le dossier rouge était ouvert, je tenais dans mes mains les 6 derniers feuillets, j'en repris une grosse pincée et je m'assis.

Je relisais. Mais je relisais un peu comme Maurice Pons m'écoutait tandis qu'il ne m'entendait pas. Je relisais comme nous revoyons un film, nous qui l'avons fait. C'est-à-dire avec la mémoire de ce qui se passait dans l'équipe, ou dans le pays, ou dans le monde au moment précis où se tournait la scène d'amour, de mort, de rencontre, d'adieux ou de pique-nique.

Je ne relisais pas pour aimer mes mots. Je relisais pour le plaisir de revivre ma lune de miel avec eux. Ah! comme j'avais été heureuse dans ce temps-là!

Au moment d'aborder l'histoire de ma cousine de Bratislava, par exemple, qui s'étend sur dix-sept années de sa vie et de la mienne, j'en avais bavé pendant 24 heures, avant de trouver la bonne solution, celle des flash en avant et des flash-back, l'œil solidement accroché au très joli candélabre à six branches polychrome, de plâtre et mexicain, qui était dans la ligne de mon regard. Il ne fournissait aucune réponse à mes questions, mais je pourrais énumérer les petits oiseaux sur les branches, les feuillages qui les dissimulent à moitié, les têtes d'angelots qui les sanctifient. Eh! oui, c'était le bon temps! C'était le bon temps parce qu'à force de compter les petits oiseaux, les feuillages et les angelots tout d'un coup vous pouvez leur dire *Ciao!* et décoller à nouveau. Vous avez trouvé. Ils n'y sont pour rien, mais vous seule savez, et pour toujours, qu'ils ont été les témoins muets de votre désarroi et finalement de votre décollage.

A propos... ou pas à propos du tout, comme on veut, j'ai connu une dame qui avait vécu un grand amour pendant quelques après-midi au Grand Hôtel du Louvre, face au Théâtre-Français, et qui ne pouvait pas s'empêcher, chaque fois que nous passions devant, de me montrer le balcon du dernier étage sur l'extérieur duquel s'étalait, en énormes lettres dorées et bombées, la raison sociale de cette vénérable résidence. « Si tu savais comme j'ai pu être heureuse, là, entre le L et le O », soupirait-elle en me désignant précisément une fenêtre qu'elle n'aurait sans doute jamais été capable d'identifier de l'extérieur, si des fragments du L et du O n'avaient pas été, vus depuis le lit dans lequel elle venait d'être si heureuse, les seuls témoins de ses amours illicites. (Il y avait un bout de temps que je voulais la caser, celle-là. C'est fait !)

Donc, enfin bref !, une demi-heure après avoir relu, j'avais pris ma décision. Je remis rapidement les 50 feuillets dans le dossier rouge, fermai la machine qui était redevenue « à écrire », tirai complètement le sac noir vers la grande lumière, y casai la machine et le dossier ; il cessa du même coup de jouer les grosses chattes noires apeurées, blotties sous le piano : il avait retrouvé sa dignité d'attaché-case du pauvre. Je ne divorçais plus, je me remettais en ménage. Je savais que j'avais peu de temps devant moi pour tenter l'aventure de cette seconde lune de miel. Nous étions début mars 1976 (pratiquement un an après la visite éclair de Jean Lacouture à Saint-Paul, lorsqu'il espérait encore que le replâtrage de Maurice serait le « livre de l'été »... 1975 !), et il me restait encore dix-neuf années à remonter... depuis 1957...

J'avais peu de temps, parce que j'avais une « date limite ». Contrairement à ce qui se passe chez les écrivains vis-à-vis de leurs éditeurs auxquels ils ont promis un bouquin pour une « date limite », ma « date limite » à moi, qui ne devais aucun bouquin à personne, c'était à la deuxième-chaîne-de-la-Télévision-française-et-aux-productions-Technisonor-réunies que je l'avais promise. Il me fallait, quoi qu'il arrive, être le 4 mai 1976 sur les marches majestueuses du palais de Justice de la ville d'Aix-en-Provence, afin d'honorer un contrat qui allait me transformer en Élisabeth Massot, dite « Madame le Juge », pour de longs mois de tournage à venir (21 exactement !).

Alors, curieusement, je convertis ma « date limite » en contrat avec moi-même. Je me promis à moi-même, et sans me faire une avance d'argent, ce qui est rarissime, paraît-il, que je me livrerais le bouquin avant la fin du mois d'avril. Et l'attaché-case bouclé et moi-même partîmes vers la nouvelle aventure.

Il y eut d'abord une première station à Autheuil. Ce n'était pas ce qu'on peut appeler une aventure, c'était un retour au bercail. Et c'est là, bien sûr, à Autheuil, que la première phrase, introuvable sur la grande table blanche, ovale et glacée de l'hôtel d'Orléans, se présenta d'elle-même, dès que la feuille fut enroulée sur la machine qui avait retrouvé sa place sur la vieille table ronde, cirée et blonde comme du miel de la maison familiale. Et le détricotage recommença, souplement : c'était plutôt gai ce que j'avais à raconter. J'avais laissé la fausse Sonia et le faux Vania désenchantés, et encore tout frileux après leur long voyage en grande froidure. J'avais hâte de nous amener (plus Sonia et plus Vania du tout) sous des soleils. Dussent-ils être trompeurs. Alors, comme c'était gai, je m'amusais bien et, tout en tapant allégrement, je me demandais parfois ce qui avait pu m'arriver quand j'avais songé à me priver de ce plaisir. J'avais bien fait de me remettre en ménage.

Mon mari aussi trouvait que j'avais bien fait. Il ne m'avait jamais reproché de ne pas travailler dans la période où je ne travaillais pas, mais quelques remarques dans le genre « Moi, j'aime bien les gens qui finissent ce qu'ils ont commencé », ou « C'est quand même dommage de laisser... » que j'achevais par un « de laisser se perdre tout ça, je sais, je connais » m'avaient souvent troublée dans ma période de grande paresse. Alors, là, à Autheuil, les martèlements... il aimait bien.

Benjamin, lui, trouvait que ça traînait tout ça. Il avait commencé à voir sa grand-mère faire joujou avec ce petit piano à faire des lettres quand il avait presque 5 ans, il allait en avoir 6, et Mémé tapait toujours... « Il est fini maintenant ton livre ? » disait-il quand j'arrachais la dernière page de la journée, avant d'enrouler celle sur laquelle il aurait le droit pendant dix minutes de s'exercer à son tour à aligner des ; ; ; ; ;, des ùùùùùù et des ====== dont il avait pris la divertissante habitude de surcharger mes travaux avant nos conventions. « Benjamin, tu ne touches à rien, je t'appellerai quand j'aurai fini, d'accord ? » Donc, quand je l'appelais, ça voulait dire que j'avais fini. Donc le livre était fini. Logique, non ?

Comme les beaux jours étaient revenus, la maison se remplissait en fin de semaine. Alors il arrivait qu'on

136

me priât d'aller marteler ailleurs. Le salon redevenait la grande pièce commune : pièce à parler, à rire, à vociférer quelquefois, à faire rire les enfants, à faire de la musique, enfin pièce à vivre (living-room). L'attaché-case et moi, nous nous trouvions une autre table dans la maison ; une fois même, pendant deux jours, notre émigration nous conduisit au premier étage de la vieille ferme, juste au-dessus du cochon, des canards, du coq et des poules. A première vue, ou plutôt à première oreille, mes crépitements ne dérangeaient pas les volatiles du tout. Ils les amusaient apparemment ; leurs grands fous rires en cascade qui montaient de la cour, où il ne manquait que Bathylle, en étaient la preuve. Le cochon, lui, qui était le locataire du dessous, laissait échapper de gros ronflements qui disaient assez que ça l'ennuyait. C'est pourquoi nous restâmes très peu de temps à la ferme.

Mais ces petits déménagements ne me troublaient pas. C'était à croire que la « date limite » avait des vertus. En un mois j'avais remonté et raconté ces dix-neuf années. A un certain moment, j'étais retournée au décryptage que j'exhumai pour la circonstance du fin fond de l'attaché-case, afin de retrouver exactement les termes du dialogue à propos de *l'Aveu*, tel qu'il s'était échangé entre Maurice et moi en 1974. J'y ajoutais mes commentaires de 1976, sans savoir à l'époque que, quelques mois plus tard, *l'Aveu*, après

137

son passage à la Télévision française, serait au cours du débat qui suivit la projection salué, par ceux-là mêmes qui nous avaient insultés pour l'avoir tourné, par cette phrase que je cite : « Il fallait faire ce film, et c'est nous qui aurions dû le faire [1]. »

Je réenterrai le décryptage, et poursuivis le détricotage. Je ressuscitai quelques questions de Pons pour retrouver le ton du début et j'en inventai d'autres pour dire des choses auxquelles je tenais, qui n'avaient pas été abordées. J'arrivais à la fin, j'avais presque fini. Presque.

Je n'avais pas fini.

Enfin, je n'avais pas fini, comme j'avais envie de finir ce livre.

Je ne savais pas comment je voulais le finir, mais je savais comment je ne voulais pas qu'il finisse.

C'est alors qu'aux alentours de la mi-avril, Mᵐᵉ Élisabeth Massot, juge d'instruction près du tribunal d'Aix-en-Provence, commença à se rappeler à mon bon souvenir. Elle se manifesta par de discrets tintements du téléphone, qui se transformèrent en sonneries régulières, qui devinrent rapidement de stridentes sonnettes d'alarme. Élisabeth-la-jugesse me refaisait le coup de Thérèse-la-paralytique.

Thérèse-la-paralytique avait un seul père : Alain

1. Jean Kanapa, membre du CC du PCF, « Les dossiers de l'écran », 14 décembre 1976.

Corneau, et une seule mère : Daniel Boulanger son scénariste.

Élisabeth-la-jugesse avait six pères et six mères. Ne pas écouter UN metteur en scène qui veut vous entretenir de votre personnage, c'est inconséquent et grossier. Industrialiser l'inconséquence et la grossiè-reté au point de les faire subir à SIX metteurs en scène qui veulent chacun vous entretenir de l'évolution d'un même personnage à travers des situations qui sont les reflets de leurs points d'intérêts majeurs, ou ceux de leurs obsessions personnelles, aurait frisé l'impu-dence. En continuant à faire la sourde oreille à leurs appels, j'étais en grand danger d'envoyer un peu trop loin le bouchon.

Je n'envoyai donc pas le bouchon. Je fermai la machine, regarnis le gros sac qui devenait de plus en plus lourd, et je rentrai à Paris. Je rentrais en prenant le chemin des écoliers, la vieille route, celle de « Quarante Sous ». Celle qu'on prenait autrefois avant l'autoroute.

Je n'avais pas rempli mon contrat, me disais-je en roulant. Je n'avais pas fini. Mais, après tout, j'avais dit « fin avril », nous n'étions jamais que le 20...

Tous les papas et toutes les mamans d'Élisabeth Massot semblaient s'être bien accordés pour élaborer le parcours professionnel et psychologique de cette magistrate au-dessus de tout soupçon, et immuable-ment entourée de son fils, le musicien amateur Didier

139

Haudepin ; de son jeune et fidèle complice, le greffier Jean-Claude Dauphin ; de son vieux confident de toujours, l'avocat Michel Vitold ; et de son bourreau phallocrate et don-juanesque, le substitut François Perrot.

A la fin de chaque étape, le papa suivant, comme dans une course de relais, n'aurait qu'à regrouper tout ce petit monde et l'emmener à son tour vers un nouveau cas de conscience [1] qui, pour être personnalisé par la griffe de ses auteurs, n'en devait pas moins tenir compte des traces qu'avaient pu laisser dans la mémoire de l'héroïne *le* et puis *les* cas de conscience précédents.

Les noms des papas et des mamans, qui avaient engendré les différents volets de la vie édifiante de la jugesse Massot, étaient les suivants :

FILM n° 1. Édouard Molinaro, Alphonse Boudard.

FILM n° 2. Claude Barma, Pierre Dumayet.

FILM n° 3. Nadine Trintignant, Patrick Modiano.

FILM n° 4. Philippe Condroyer, Roger Grenier, Mariette Condroyer.

FILM n° 5. Claude Chabrol, Odile Barsky.

FILM n° 6. Christian de Challonges, Marc Grunebaum.

1. La conscience de la jugesse allait être successivement troublée par ses camarades N. Delon, G. Segal, J.-P. Darras, Ph. Léotard, M. Garrel, A. Karina, G. Wilson, M. Ronet, M. Dubois, B. Ferreux, J. Martin, Louisa Colpeyn, Juliet Berto, entre autres...

A priori, les choses semblaient toutes simples.

A part ça, elles ne l'étaient pas.

Pour des raisons de convenances personnelles et de contrats cinématographiques, certains papas n'avaient de temps libre pour « faire de la télé » qu'à des dates très précises. Et voilà pourquoi la destinée exemplaire d'Élisabeth-Massot-la-bonne-jugesse serait inaugurée avec le tournage de l'épisode n° 5, suivi de l'épisode n° 1, lui-même suivi de l'épisode n° 4, précédant l'épisode n° 2 (commencé et interrompu par une grève de trois mois et demi), repris et enchaîné avec l'épisode n° 3. Après l'épisode n° 3, Madame Élisabeth se mettrait en congé de tribunal pendant huit semaines, pour devenir Madame Rosa au cinématographe (elle non plus ne faisait pas que de la télé)... et puis enfin, c'est une Élisabeth Massot, remplie de doutes et de questions sur la validité du témoignage humain, qui terminerait le cycle de ses cas de conscience par le sixième épisode, le seul à être conçu et tourné dans un ordre chronologique. C'est Philippe et Mariette Condroyer qui en étaient les auteurs, en remplacement de Christian de Challonges et de Marc Grunebaum empêchés.

Mais ceci est une autre histoire, comme dit le chat qui s'en va tout seul.

Donc, j'avais rendez-vous sur les marches du palais avec Claude Chabrol, le 4 mai 1976, à Aix-en-Provence (B.-du-Rh.), mais j'avais cependant un petit crochet à faire avant de prendre mes fonctions judiciaires. J'avais une course à faire en ville. Dans une autre ville, et curieusement dans le palais de Justice d'une autre ville. La ville d'Amiens, dans laquelle allait se refaire complètement le procès de Pierre Goldman, condamné à perpétuité, le 14 décembre 1974, par la cour d'assises de Paris, jugement cassé le 20 novembre 1975.

Nous étions le 25 avril, c'était vraiment la fin du mois, je n'avais toujours pas fini et c'est pourquoi, en plus de mon bagage personnel, très léger pour une semaine, je demandai à Francis Chouraqui de bien vouloir caser dans la malle arrière de sa voiture, qui nous emmenait vers la ville du rejugement, ce truc, là, noir, à propos duquel je ne fournis aucune explication. Chouraqui ne m'en demanda pas, et sans se plaindre hissa avec peine ce poids considérable, que j'avais moi-même traîné jusqu'au bord du trottoir de peur de l'oublier.

Un esprit mieux organisé que le mien aurait sans doute laissé l'attaché-case à la maison. Après tout, avec un carnet à spirale et un crayon-feutre, on peut aussi écrire, si on a vraiment quelque chose d'impéra-

tif à écrire... mais j'étais devenue comme Maud avec
sa cantine, la cantine « au cas où », je me sentais
incapable de faire logiquement le tri dans le gros sac.
Je savais que c'était la fin qui me manquait, je sentais
que ce n'était probablement pas à Amiens qu'elle
viendrait et cependant je ne pouvais pas concevoir de
laisser tout ce qui venait avant cette fin, derrière moi,
même dans ma maison.

L'hôtel d'Amiens était tenu par les frères Dalton.
Enfin, par trois frères Dalton. Je ne sais s'il y en avait
un quatrième, personne ne le vit jamais.

L'aîné des Dalton trônait à la réception, mais ne
répugnait pas à faire office de chasseur à l'occasion.
C'est donc lui qui se chargea du transport de mes
paquets jusqu'à une chambrette minuscule, apparemment destinée aux brefs séjours de quelques jeunes
commis voyageurs engagés à l'essai et à leurs frais. La
chambrette donnait sur une courette.

Il grommela quelque chose en hochant négative-
ment la tête, quand je lui demandai s'il n'avait rien
d'un peu plus confortable, ou tout au moins d'un peu
plus spacieux, où l'on pourrait introduire une table,
par exemple... l'objet en question étant absent de ce
petit nid dans lequel j'allais passer une semaine.

C'est le président de la cour d'assises d'Amiens qui
aurait été content. Il m'avait fait savoir quelques jours
auparavant qu'il souhaitait que ma présence dans la
ville et aux audiences soit aussi discrète que possible.

Il ne voulait pas d'un procès « parisien », et il avait bien raison. Alors, j'étais si discrète dans ma mise et mon maintien, et le simili-cuir noir de mon bagage était si lourd et si minable, que Dalton Ier, ce soir-là, me prit sans doute pour une vieille commise-voyageuse en fers à repasser 1900, engagée à l'essai et à mes frais.

C'est Dalton II (lui trônait au comptoir du café, qu'on appelait « Bar de l'hôtel ») qui me « remit », si je puis dire, le lendemain, à mon retour de la première audience. Et parce qu'il était plus futé que son grand frère, il m'avait déjà associée à « la bande à Goldman », désignant par là la foule de tous ceux qui avaient envahi la ville depuis la veille : avocats, chroniqueurs, témoins, amis, ennemis qui remplissaient le 4-étoiles, le 3-étoiles, les 2-étoiles et les chambres meublées à la journée et même à l'heure. Il me demanda mes impressions. Et puis Dalton III se leva d'une table où il discutait à voix basse avec des habitués, il alla chercher Dalton Ier à la réception, et les trois Dalton m'offrirent un verre et leur opinion.

Ce procès Goldman, à Amiens, ça ne leur plaisait pas. Ça allait encore faire des histoires. Eux, ils étaient juifs d'Afrique du Nord et, ici, à Amiens, l'année passée, il avait couru une petite rumeur, une sorte de cousine germaine de celle d'Orléans... Alors l'innocence ou la culpabilité de ce « Juif polonais né

144

en France [1]... », vraiment, hein !, choisir Amiens pour
en décider... pour une trouvaille, c'était pas une
trouvaille.

Je leur confiai qu'elle n'était pas de moi.

Ils hochèrent leurs trois têtes, je ne les avais qu'à
moitié convaincus.

Ce n'est pas ici que je vais raconter mes rapports
d'abord accidentels et puis ensuite passionnels avec
l'affaire Pierre Goldman. Il me faudrait beaucoup de
pages. Je ne crois pas que ce serait ennuyeux, mais ce
serait « hors sujet » suivant la formule qui ornait si
souvent, à l'encre rouge ou mauve, les marges des
rédactions, puis des compositions françaises et enfin
des dissertations qui jalonnèrent ma scolarité.

Qu'il me suffise de dire qu'entrée en voisine dans la
salle des assises, à Paris, une après-midi de décembre
1974, parce qu'on m'avait signalé l'ouverture du
procès d'un jeune homme que je ne connaissais pas,
auquel étaient reprochés des faits dont je savais
seulement qu'ils n'avaient jamais été prouvés, je ne
ratai plus une seule audience pendant les jours qui
suivirent, jusqu'au dernier, qui se termina vers minuit
et demi sur un verdict de réclusion à perpétuité.

C'est cette nuit-là, exactement le 14 décembre 1974,
à 0 heure 35 minutes, que mes rapports avec l'affaire

1. Pierre Goldman, *Souvenirs obscurs d'un Juif polonais né en France*,
Éd. du Seuil.

Goldman devinrent passionnels. Ils ne l'étaient pas vis-à-vis du condamné ; ils l'étaient, et violemment, contre neuf de mes concitoyens, les jurés, qui en mon nom et en votre nom avaient pu, sans jamais poser une seule question et par conséquent sans jamais se poser une seule question, avaler sans broncher les contre-vérités, les invraisemblances, les mensonges flagrants débités par le gang des témoins à charge qu'on avait fait défiler devant eux.

Devant eux, et devant moi par conséquent, moi qui entendais les mêmes choses qu'eux.

Ces neuf-là avaient voté la perpétuité (faute de mieux, nous fut-il rapporté) et puis ils étaient rentrés dormir chez eux, et je ne leur ai jamais pardonné.

C'est pourquoi, lorsqu'après avoir hoché la tête, les trois Dalton me demandèrent ce que je faisais là, à Amiens avec « la bande à Goldman », je leur répondis qu'on ne pouvait pas avoir suivi le premier procès et ne pas suivre le second.

Comme ils n'avaient pas suivi le premier procès, ils hochèrent la tête à nouveau. Alors Dalton III, après avoir puisé dans les quatz' yeux de ses frères l'approbation muette à ce qu'il allait dire (ils l'avaient eux-mêmes au bord des lèvres, ça se voyait), soupira tristement et déclara : « Quand même, un Juif assassin de pharmaciennes... Vous direz ce que vous voulez... »

146

Je dis que je n'avais rien à dire. Je n'avais pas de preuves.

Ils durent admettre que, après tout, ils n'en avaient pas non plus.

Ainsi se termina ma première journée à Amiens. Nous étions le 26 avril et je n'avais même pas entrouvert le gros sac qu'il me fallait enjamber pour atteindre ma modeste couche, parcimonieusement éclairée grâce à une applique en forme de tulipe qui n'aurait pas été déplacée dans mon lot de fers à repasser 1900, si d'aventure le sac en avait été rempli.

Pour les mêmes raisons (voir plus haut), ce n'est pas ici non plus que je vais raconter les journées du deuxième procès. Mais comme mon objectif c'est de raconter précisément comment les trois Dalton se transformèrent peu à peu en trois mousquetaires, pour finir dans la peau des trois rois mages, les mains pleines d'offrandes... il faut bien que je cite quelques-unes des étapes de leur transfiguration.

A un train d'enfer, pendant le deuxième procès, se succédèrent les coups de théâtre.

Tout d'un coup on voyait apparaître des témoins à décharge, inconnus de l'accusé, qui auraient bien voulu venir témoigner au premier procès mais qu'on n'avait jamais convoqués.

Et puis on en voyait d'autres, qui avaient préféré ne pas témoigner au premier procès et qu'on n'avait par conséquent pas convoqués.

147

Ces jeunes inspecteurs de police, par exemple, sensiblement du même âge que Goldman, présentant des physiques dits « méditerranéens » (ils étaient cinq ou six, je ne sais plus), qui vinrent à la barre, bien pris dans leurs costumes d'alpaga anthracite et marron glacé sombre, de coupe italienne, affirmer l'un après l'autre que le jour de la « reconnaissance » rien ne distinguait Goldman, ni par le visage ni par le vêtement, quand il fut amalgamé à leur groupe, au point de le désigner comme suspect, et qui, une fois leur déposition terminée, virent apparaître de dessous la table de Kiejman, comme le spectre de Banquo, une photo, grandeur nature, en pied, prise justement le jour de la « reconnaissance ». La photo d'un Goldman, sale à faire peur, pas rasé depuis vingt-quatre heures, le pantalon en accordéon et flottant dans son pardessus noir, aux boutons arrachés, semblable au caftan d'un de ses ancêtres, rescapé d'un pogrom et en partance pour une hypothétique ruée vers l'or.

Pas coup de théâtre, mais rentrée très attendue de l'éminent praticien le docteur Pluvinage (salut Nizan !) dans son numéro d'acuité visuelle. Le docteur Pluvinage est le seul artiste au monde capable de reconnaître le visage et surtout le regard d'un individu luttant avec un autre individu, regard entrevu deux années plus tôt, depuis la fenêtre fermée de son appartement situé au quatrième étage d'un immeuble du boulevard Richard-Lenoir. Compte tenu du mois

148

(décembre) et de l'heure (vers 20 heures), l'exploit est remarquable. Comme la première fois, le professeur, non pardon !, le docteur Pluvinage obtint un franc succès. Il ne l'avait pas volé. Quelque chose, cependant, dans le déroulement de son numéro avait dû le troubler. Il redemanda la parole. Il revint à la barre et déclara : « J'ai dit la vérité, mais l'erreur est humaine, je tiens à le souligner. »

Peut-être le docteur Pluvinage, grâce à l'acuité visuelle qui fait tout son talent, n'avait-il pas retrouvé dans le regard de son deuxième public la même crédulité que lui avait offerte le premier, quatorze mois auparavant ?

Il était flagrant, en effet, qu'on était plus attentif, plus curieux et plus scrupuleux dans le département de la Somme que dans celui de la Seine. Et quelle que puisse être leur décision finale, on savait déjà, dès le premier jour du procès, que ces neuf-là, les membres du jury, ne seraient pas de ceux qui rentrent chez eux se coucher sans se poser de questions.

Eux, ils en posaient, des questions.

Ils n'eurent pas à en poser beaucoup à Mademoiselle I., si bavarde et si précise à Paris, mais qui, frappée d'amnésie, ayant complètement oublié son « par cœur », préférait ne pas se produire à Amiens. Comme elle restait sourde aux convocations officielles, c'est accompagnée de deux inspecteurs de police, qui avaient été la quérir de force à Paris, qu'elle

149

apparut enfin, pour déclarer que tout ça c'était bien loin et qu'elle ne se rappelait plus très bien.

Ils n'eurent pas à en poser du tout aux familles des deux victimes, dont la dignité impressionnante s'accompagnait d'une absence totale de parti pris envers celui qu'on avait voulu leur désigner comme le coupable.

Ils en posèrent quelques-unes à l'infortuné agent Quinet, toujours handicapé par les blessures au ventre qu'il avait reçues de la part d'un individu qu'il avait désigné comme un « mulâtre » avant de s'évanouir, « mulâtre » qu'il n'eut aucune peine à reconnaître, quelques mois plus tard, sous les traits de Rabbi Goldman, quand il fut convoqué à la fameuse « présentation » dont je parlais plus haut.

Et parce que les jurés étaient si remarquablement présents, sensibles et honnêtes, parce qu'ils participaient si complètement au déroulement de ces minutes qui apportaient souvent un fait nouveau, jamais évoqué à Paris, la presse locale, et elle avait bien raison, donnait à l'événement une place considérable. Et c'est pourquoi les retours de « la bande à Goldman » étaient attendus avec impatience par les trois Dalton. Dans l'après-midi, certains citoyens d'Amiens, qui avaient pu pénétrer quelques instants à l'intérieur du palais, avaient un peu raconté au bar ce qu'ils avaient mal entendu du fond de la salle, alors les

Dalton voulaient des détails de la bouche de ceux qui avaient les bonnes places.

Et c'est ainsi qu'au bout de trois ou quatre jours, les Dalton se transformèrent en Athos, Porthos et Aramis (d'Artagnan, s'il existait, étant toujours en cavale... ou en mission).

Goldman était devenu Madame Bonacieux.

Le docteur Pluvinage, Milady.

Les policiers, les gardes du Cardinal. (Richelieu n'étant pas distribué.)

Et « la bande à Goldman », des Planchets.

J'ai pu donner l'impression que je formais à moi toute seule « la bande à Goldman », en résidence à l'hôtel. Ce serait une fausse impression. Nous étions cinq ou six membres permanents de la bande à nous partager les chambrettes sur courette pour la durée du procès.

Dans un premier temps la chevelure de Marc Kravetz de *Libération* avait franchement déplu. Elle débordait en cascade bouclée par-dessus un foulard violine qui avait connu les Indes, tandis qu'il écrivait ses papiers dans le bar, sa chambrette ne comportant pas de table non plus.

La rigoureuse sobriété de Francis Chouraqui, de sa femme et de son frère, tant au restaurant qu'au bar, avait chagriné la direction.

Quant à Régis Debray, il avait une bonne tête, mais c'était quand même un autre faiseur d'histoires, à

151

preuve, il avait fait de la prison en... Colombie?...
Non... au Mexique? Non... enfin là-bas, en Amérique
du Sud, quoi!

Moi, ils m'avaient « remise », bien sûr, mais justement, c'était encore plus bizarre que je sois là; les
actrices ça a quand même autre chose à s'occuper,
non?

Les seuls autres résidents de l'hôtel, qu'on ne
pouvait en aucun cas assimiler à des chefs de bande,
étaient Émile et Nicole Pollack.

Ils n'avaient pas chambrette sur courette, ils habi-
taient un appartement, qui s'appelait « l'appartement
Pollack », le vieux lion avait ses habitudes dans toutes
les villes de France où on trouve un palais de Justice et
une cour d'assises, et ses goûts personnels l'éloi-
gnaient des palaces.

Dans un deuxième temps, celui qui correspondit à
leur période « mousquetaires », les Dalton, nous
trouvant tous très gentils, décidèrent de participer. Ils
nous prenaient dans les coins pour nous répéter les
propos tenus en ville, ou par des mimiques discrètes et
des coups d'œils bien dirigés, ils nous conseillaient de
ne pas parler trop fort devant tel ou tel habitué du bar.
C'est qu'on ne choisit pas sa clientèle, disaient-ils en
soupirant!

C'est le 30 avril au soir, qu'ils se transformèrent en
Melchior, Balthazar et Gaspard.

Ils étaient très cérémonieux tous les trois quand ils

vinrent me faire leur offrande. Voilà, ils étaient désolés de ne pas avoir été en mesure de mieux « m'accommoder » dans leur établissement. Ils avaient cru comprendre que l'absence d'une table dans ma chambrette m'avait gênée. Si je voulais bien les suivre ils allaient me faire une proposition.

Ils ouvrirent pour moi les portes d'un vaste salon dont les fenêtres donnaient sur une place. Ce salon commandait une grande chambre qui commandait une belle salle de bains nouvellement équipée. Devant mon émerveillement, ils mirent prestement les choses au point. Il n'était pas question que j'emménage pour de bon. Non. Cet appartement était réservé, réservé à quelqu'un... quelqu'un qui pouvait surgir d'un moment à l'autre, quelqu'un, une personne quoi !..., enfin ils ne pouvaient pas m'expliquer, c'était comme ça. Mais, par contre, ils pouvaient me permettre de squattériser le salon, et plus particulièrement une des tables du salon toute la journée du samedi 1er mai et du dimanche 2 mai, journées sans audiences, à la condition qu'en cas d'alerte, l'arrivée de la « personne », je déguerpisse au plus vite en ne laissant derrière moi aucune empreinte, aucune trace de mon passage.

Le lendemain, donc, Dalton Ier-Porthos-Gaspard, m'aida à transbahuter ce qu'il appela mon bazar ; je n'en extrayai que la machine et quelques feuilles de papier blanc, il n'était pas question d'installer la panoplie, difficilement escamotable en vitesse.

L'hôtel s'était vidé. Les autres membres de « la bande » étaient rentrés à Paris pour ces deux jours. J'étais restée parce que je ne voyais pas où au monde j'aurais trouvé de meilleures conditions pour essayer de remplir ce contrat qui avait déjà un jour de dépassement. Nous n'étions plus fin avril, d'accord, mais nous n'étions jamais que le 1er mai...

Nous étions le 1er mai et, parce que nous étions le 1er mai, Kiejman, très tôt le matin, un brin de muguet à la boutonnière, était passé prendre Chouraqui pour aller voir Goldman à la prison, et je lui avais confié un autre brin de muguet à remettre à son client. Il me l'avait rapporté, vers 10 heures, avant de partir pour Paris. Les fleurs étaient interdites à la prison, et je me demande encore aujourd'hui quelles armes secrètes, quelles limes à scier les barreaux, peuvent bien se nicher dans dix ou douze malheureux petits clochetons pour être interdits de séjour dans l'univers carcéral. On était plus clément en Bolivie... Un 1er mai de l'année 1970, alors qu'Élisabeth Debray partait pour Camiri faire sa visite trimestrielle à Régis, j'avais collé avec du « Scotch Magic » un brin de muguet tout frais au coin d'une petite lettre d'amitié de Montand et de moi qu'elle emportait dans ses bagages. J'ai su que ce brin, rescotché sur le mur de la cellule-cave, avait d'abord survécu quelque temps, s'était fané, avait séché. Il est probable qu'en se fanant, avant de se dessécher, les clochetons aient laissé suinter leur âcre liqueur dorée un peu poisseuse, et il est possible que, tatoué à tout jamais, le mur de la geôle de Camiri offre encore aujourd'hui à ses nouveaux occupants une minuscule énigme, en forme d'insecte et couleur de rouille, qui les intrigue peut-être quelquefois, et dont ils ne sauront jamais qu'elle était née place Dauphine. Paris. France.

Voilà ce que j'avais envie d'écrire, à peine installée dans mon château provisoire. Parce que c'était tout frais, parce que Régis était là le matin quand Kiejman avait rapporté le muguet et que Régis avait souri. Mais ce n'était pas raisonnable. Je n'étais pas restée seule dans la ville d'Amiens pour tenir un journal de bord. J'étais restée pour tenter de finir ce machin qui avait près de 600 pages, et que je trimbalais avec moi depuis de trop longs mois.

J'avais d'autant plus de raisons de me forcer à finir qu'en dehors des faits nouveaux, qui surgissaient chaque jour au palais de Justice, il en avait surgi un de taille dans ma vie à moi.

Claude Durand, qui suivait le procès en tant qu'éditeur pour le Seuil du livre de Goldman, écrit à Fresnes avant la Cassation, m'avait demandé si j'avais par hasard le manuscrit de mon livre à moi. On en parlait au Seuil, me dit-il, mais personne ne semblait savoir exactement à quoi ça ressemblait.

J'avais donc confié à Claude les deux dossiers

rouges (il y en avait deux, maintenant) ; il les avait lus d'une traite.

Claude Durand fut le premier lecteur professionnel que je trouvai au bout de cette longue route. Les autres avaient été mon mari, mes amis et quelques victimes occasionnelles, pour de petits morceaux choisis, comme Alain Corneau, à Autheuil par exemple, ou Françoise Giroud et Alex Grall, de passage à *la Colombe.*

Claude Durand n'appelait pas ça « un machin », encore moins un entretien, il appelait ça un livre, et s'en alla vite, à son retour d'Amiens, en avertir ses pairs aux Éditions du Seuil.

C'est donc à cause de Claude Durand, et de ce qu'il m'avait dit, que je m'étais séquestrée pour ces deux jours.

Mais les muguets, les grilles des prisons, les vrais témoins, les faux témoins m'empêchaient de me concentrer sur ce que je savais confusément avoir encore envie de dire avant de conclure.

J'arpentais les grands espaces du grand salon et, comme je fumais, je réalisai à cause de l'absence du gros cendrier de cristal taillé qui aurait dû logiquement orner la table basse dont le plateau, miroir fileté de vieil or, scellé sur des pieds en fer forgé vert amande de style Louis XV, était le joyau du coin-cosy (et non pas du cosy-corner) là-bas au bout de la pièce, très loin du côté bureau, joyau dont l'écrin se composait de trois sièges de style Renaissance espagnole, contre les hauts dossiers desquels il fait si bon se détendre entre amis, pour en griller une... je réalisais, donc, que la « personne » que je squattérisais était une « personne » non fumeuse. Embarrassée de mes cendres, d'abord, que je fis tomber dans le creux de ma main, de mon premier mégot ensuite que j'enveloppai dans une des feuilles de papier blanc qui attendaient mon inspiration, terrifiée ensuite à la pensée que l'odeur du tabac blond allait imprégner les doubles rideaux de satin couleur framboise, moucheté d'abeilles résolument napoléoniennes, et peut-être aussi les carpettes orientales qui recouvraient de-ci de-là une épaisse moquette blanche, j'ouvris les grandes croisées pour purifier l'atmosphère en prenant bien garde de ne pas me faire remarquer par de possibles familiers de la « personne » en balade de 1er mai.

Je courus vers ma chambrette pour récupérer la soucoupe blanche, marquée 5 F, qui me servait de cendrier depuis le début de mon séjour, je la posai sur la table rustique néo-provençale où j'avais placé la machine. Je m'apprêtais à refermer les fenêtres en me promettant de ne pas oublier de répéter l'opération purificatrice tous les trois mégots, lorsque mon œil fut attiré par un grand graffiti illisible, parce que surchargé de peinture rouge, qui s'étalait sur le mur d'en face avant que la rue ne devienne un coin de rue, pour devenir une place.

Comme je vivais sur la courette et que la direction « palais de Justice » était à l'opposé de la place, je n'avais jamais eu le loisir de lire cette portion-là des murs de la ville.

Je ne saurai donc jamais, pensais-je, ni ce que dénonçait ce graffiti, ni de quand il datait, je ne saurai jamais qui il avait offensé, ni de quand datait l'expédition punitive qui avait condamné le message. Peut-être était-ce un vestige du temps de la « rumeur » de l'année passée, ou un « A mort Goldman » ou un « Libérez Goldman » de la nuit dernière, barbouillé au petit matin, ou un « Les betteraviers sont en colère », d'il y a cinq ans... Je n'en saurai jamais rien.

Pas plus que... et je commençai à taper.

« Je ne saurai jamais de qui, de quoi, de quel endroit précis le faiseur de graffiti new-yorkais avait la nostalgie. Il avait eu besoin d'écrire sur un mur qu'elle n'était plus ce qu'elle avait été... » et grand merci à la Providence, personne n'avait songé à New York à assassiner ce message tendre, dérisoire et incompréhensible. Je le tenais le début de ma fin, je n'avais plus qu'à me laisser porter.

Le lendemain soir, je ramenai mon bazar dans ma chambrette. J'avais laissé les lieux dans l'état dans lequel je les avais trouvés. Il n'y traînait pas un mégot et pas le moindre effluve de tabac blond, ni d'eau de toilette Shalimar ne flottait dans un air constamment renouvelé. La « personne » ne saurait jamais (encore une qui ne saurait jamais quelque chose, en plus de moi qui ne saurai jamais qui pouvait bien être la « personne ») qu'une passagère clandestine avait vécu quelques heures, pratiquement les dernières d'une longue traversée, dans sa luxueuse garçonnière? officine? ou retraite provinciale?

J'avais presque rempli mon contrat. J'avais à peu près fini... enfin, presque fini. J'avais trouvé mon titre aussi. Nous étions fin avril plus deux jours.

Cependant le lendemain nous étions le 3 mai.

Après l'audience du matin, je dis au revoir à quelques membres de « la bande ». A Kiejman et à Pollack dont j'allais rater les plaidoiries, à mon ami Philippe Boucher, à Chouraqui-le-silencieux, dont je ne suis pas sûre aujourd'hui encore que Pierre Goldman ait bien saisi avec quelle tendre et inébranlable efficacité il lui avait consacré quatorze mois de sa vie quotidienne, à Annabella Power visiteuse de prison, à Charles Blanchard, et à Raymond Thévenin, chroniqueur judiciaire, dont je me rappelais tout d'un coup, un peu tardivement, que c'était lui le véritable père d'Élisabeth Massot dont l'idée lui était venue à force de me voir tous les jours au premier procès Goldman.

Je descendis les marches du palais de Justice d'Amiens, au pied desquelles m'attendait Georges Dognon chargé par les productions Antenne-deux-et-Technisonor-réunies de m'acheminer rapidement vers

159

les marches du palais de Justice d'Aix-en-Provence, au pied desquelles m'attendait Chabrol.

Mes bagages étaient prêts à l'hôtel. Balthazar, Gaspard et Melchior me présentèrent une note sur laquelle il était évident que mon séjour clandestin au château du mystère était offert par la maison ; ils me dirent au revoir en m'assurant que le verdict serait celui que nous souhaitions tous, ils étaient loin les Dalton d'antan... Georges s'empara de mon sac de voyage et puis de mon bazar qui était redevenu attaché-case. Ce fut leur première rencontre. Et malgré mon optimisme de la veille, pas leur dernière.

Quand la voiture de Georges démarra, je jetai un dernier coup d'œil sur le graffiti illisible... je lui devais une fière chandelle à celui-là, et je lui fis un petit signe d'adieu de la main.

Pendant que nous roulions, mon nouveau compagnon de travail et moi, j'essayai de lui faire partager mes souvenirs de ces journées passées au tribunal, mes angoisses pour le verdict du lendemain, et puis je parlai du gros sac noir qui était si lourd, et puis de l'horaire de l'avion de demain que je ne devais pas rater pour arriver à Aix, et puis de nouveau du procès, et puis du premier procès, et puis des techniciens engagés pour le film qui étaient sûrement déjà sur place à Aix, et puis de la photo géante de Goldman...

Georges avait déjà conduit des stars folles, des grands acteurs capricieux, des metteurs en scène mégalomanes, des producteurs bluffeurs et insolvables, mais je crois qu'il n'avait jamais eu à subir un monologue aussi méandreux, entrecoupé d'aussi longues plages de silence que celui que je lui infligeai pendant les trois premières heures de notre collaboration itinérante. Il était calme, souriant, silencieux. Il l'est resté. Il l'est toujours après ces trois années qui viennent de s'écouler pendant lesquelles il a été associé à ce que je viens de raconter dans les pages précédentes, et même à beaucoup d'autres choses que je n'ai pas racontées.

C'est Georges qui m'a emmenée vers des cimetières dans lesquels on enterrait des gens que j'aimais, et aussi au cœur de joyeux lunchs de mariages, dont il eut la surprise de constater l'échec quelques mois après ; c'est lui qui a été le premier dépositaire de mon chagrin après une mauvaise projection, et de mes angoisses à la sortie du bouquin. Pendant que j'attendais dans la voiture, c'est Georges qui allait négligemment flâner dans les librairies dans lesquelles je n'osais pas entrer ; il en ressortait avec un grand sourire : « Ils en manquent depuis hier soir, ils les attendent », disait-il en remettant le contact. Et puis il y eut la course de vitesse avec Patrice Chéreau à l'arrière de la voiture, pour essayer d'arriver à la prison de la Santé avant que Klaus Croissant ne soit embarqué clandestinement, tandis que Platini marquait son premier but pour la France, et que des bouchons étaient organisés sur le boulevard Arago, jusqu'au moment où ils se diluèrent miraculeusement et que des sirènes annoncèrent des motards qui ouvraient la voie au panier à salade kidnappeur qui nous croisa en nous frôlant presque ; et puis la tournée des cinémas avec Moshé Misrahi pour constater avec bonheur la longueur des files de gens qui voulaient voir *la Vie devant soi* ; et la tournée des cinémas avec Patrice Chéreau pour constater avec tristesse l'absence totale des files de gens qui ne voulaient pas voir *Judith Therpauve*...

Voilà entre autres choses ce qui attendait Georges Dognon dans un avenir dont il ne soupçonnait probablement pas, ce 3 mai 1976, qu'il serait désormais le sien, tandis qu'il abordait très prudemment les virages qui séparent Amiens de Paris. Paris où il me laissa en me disant : « A demain, Madame ; je serai à Marignane pour vous emmener à Aix. »

J'ai toujours oublié de demander à Mme Georges Dognon quels avaient été les commentaires de son mari, ce soir-là en rentrant chez lui, après son aller et retour Paris-Amiens-Paris, et sa première rencontre avec sa nouvelle pensionnaire.

A l'heure convenue, le lendemain, Georges m'attendait à Marignane. Il s'empressa de délivrer un monsieur du pesant fardeau qu'il avait identifié, bien avant de m'avoir découverte dans la foule des voyageurs.

Ce monsieur, aux tempes déjà grisonnantes, m'avait entretenue pendant le court trajet Paris-Marseille de ses souvenirs d'enfance. Ils étaient rafraîchissants. Il avait été amoureux de moi après *Macadam,* et c'est en culottes courtes, en compagnie de son papa, qu'il avait à la même époque découvert Montand qui faisait ses premiers pas (de claquettes) sur la scène de l' « Alcazar ». Puis il m'avait confié à quel point l'aînée de ses quatre enfants, une grande jeune fille de 17 ans qui avait un bon physique (il chercha vainement une photo, mais ne trouva que celle du petit dernier qui avait 8 ans) et un joli filet de voix désirait devenir artiste. Pouvais-je lui donner un conseil ? J'en étais aux vagues balbutiements dans le genre : « Oh vous savez les conseils... les cours... la vocation... » lorsque, devenue complètement inaudible et sourde à cause de l'atterrissage, je mimai que je ne pouvais pas en dire plus long, ce qui m'arrangeait bien d'ailleurs.

Après l'arrêt complet des moteurs, mon voisin, n'écoutant que sa galanterie phocéenne, se saisit de ce que je m'obstinais depuis le départ à appeler mon

« bagage à main », et que l'hôtesse, un peu avant le décollage, avait tenté de commencer à soulever pour le placer... elle se demandait bien où ? Elle y avait vite renoncé et, d'assez méchante humeur, le laissant retomber à ses pieds et en partie sur les miens, elle m'avait demandé pourquoi je n'avais pas mis ÇA aux bagages ?

Comment expliquer qu'on ne met pas ÇA aux bagages.

On veut bien tout mettre aux bagages, et courir tous les risques, y compris celui qui consiste à recevoir, huit jours après leur disparition, de bonnes nouvelles de ses sweaters, jupes, pantalons et vêtements de nuit, finalement localisés à Ajaccio, ou à Bordeaux, où une fâcheuse erreur d'aiguillage à l'étape de transition les a envoyés prendre place sur les étagères des morgues à bagages qu'on découvre en cherchant bien dans tous les aéroports du monde.

Tout, tout perdre, mais pas « ÇA ».

On ne met pas aux bagages les neuf dixièmes de sa vie et de celle de son conjoint, plus un début d'épilogue, quand on a négligé de glisser une feuille de carbone entre deux feuilles, l'une blanche, l'autre de pelure rose, et qu'on ne peut pas non plus se passer d'une machine à laquelle on attribue, par superstition, des vertus bénéfiques.

La chose, litigieuse depuis le départ, était devenue peu à peu la bête noire de l'hôtesse. C'était un retour naturel à sa condition de grosse chatte du temps qu'elle était mal aimée.

Trop épaisse et trop longue, elle était mal casée sous mon siège, et le morceau qui empiétait sur le couloir central avait fait trébucher quelques passagers désireux de se rendre au « rest-room » (c'est comme ça qu'on dit maintenant de l'Occitanie à la Picardie, de l'Arvor au Comtat-Venaissin, de la Navarre à l'Helvétie, pour désigner le « petit coin », jugé trop archaïque au niveau du nouveau niveau de vie de l'Hexagone, ou encore « les vécés », jugés trop « franglais » au niveau de la linguistique des mass media) ; enfin, bref, des gens pressés avaient trébuché et j'avais, moi, passé mon temps à dire : « Oh pardon, excusez-moi », tandis que mon voisin se racontait et que je ne pensais qu'à la dernière journée qui se jouait à Amiens et à ma première journée qui allait commencer à se jouer demain à Aix.

Georges relaya donc le monsieur qui avait sans grimacé convoyé mon étrange bagage à main ; je lui dis merci, je lui dis au revoir. « Pas étonnant qu'on ne puisse pas expliquer pourquoi on ne met pas ses lingots d'or aux bagages, par les temps qui courent ! » se dit-il probablement après m'avoir quittée.

Pour faire joli, j'ai un peu affabulé en décrivant Claude Chabrol m'attendant au pied des marches de l'escalier du palais de Justice d'Aix-en-Provence.

A mon arrivée à l'hôtel, on me fit savoir que monsieur Chabrol serait à partir de 20 heures dans la salle à manger où il m'attendrait.

J'avais le temps de m'installer. Tout comme à Orléans, deux pièces communicantes, une pour dormir, une pour se maquiller et se démaquiller, étaient prêtes pour moi. Les fleurs de la direction et celles de la production me souhaitaient « Bon séjour et bon travail », mais, sur ce coup-là, Maud m'avait devancée.

Son bazar à elle était déjà en place, et la cantine vert bouteille « au cas où » occupait le large espace auquel elle avait droit. Le seul intrus fut donc l'attaché-case lorsque Georges l'introduisit dans la salle de maquillage.

Maud m'aida à débarrasser une petite table ornementale, sans fonction déterminée, de la grande gerbe de bienvenue qui l'avait signalée à mon attention. La gerbe faisait merveille à même le sol, dans un angle. Et puis Maud me regarda faire. En silence, je déposai la machine sur la petite table. Maud n'était pas goguenarde, elle ne saurait pas comment être goguenarde, mais il y avait dans son œil une petite lueur d'amusement tendre et dubitatif qui ne m'échappa pas. Alors, toujours sans un mot, je produisis les deux

166

dossiers rouges et les superposai négligemment à côté de la machine.

« J'en ai plus de 600 pages maintenant », lui dis-je sobrement, et je la quittai pour aller me doucher, comme on fait toujours quand on arrive, que ce soit à Aix, à Orléans, ou ailleurs, avant de descendre pour retrouver les autres dont les arrivées se sont échelonnées depuis la veille.

Je traversai une grande salle à manger dont les parois étaient enrichies de boiseries anciennes, et de croisillons aux miroirs biseautés. De généreux métrages de cotonnade bleue parsemée de fleurettes blanches habillaient des vitres en rotonde, au centre desquelles, enchâssées entre deux embrasses, se logeait une porte-fenêtre, dont la délicate huisserie de cuivre, en forme de poignée, pouvait, si vous désiriez la manœuvrer, vous permettre de prendre le frais sur une terrasse de pierre, et même, à la condition de descendre quelques marches, de faire une promenade digestive dans le jardin à la française, que séparait en deux une belle allée, jalonnée de bancs propices à la méditation, ou à la préméditation, dans un silence que seuls venaient troubler le chant des cigales et les grignotages de quelques écureuils gourmands encagés dans une immense volière en forme de castelet.

L'ampleur, la couleur et le délicat motif floral des rideaux me rappelèrent immédiatement quelque chose de familier.

Bien sûr, voyons ! les grandes fenêtres du petit salon, au château de Verrières, chez Louise de Vilmorin, évidemment !

Je n'ai jamais rencontré Louise de Vilmorin, et je n'ai jamais mis les pieds au château de Verrières, mais moi aussi j'ai la télé, et moi aussi je regardais Malraux quand il se racontait.

Je me frayai un chemin entre les tables nappées de damas glacé, en inclinant gracieusement la tête quand de jeunes officiants silencieux de la brigade des serveurs s'écartaient sur mon passage. Un maître d'hôtel m'intercepta avec beaucoup de courtoisie, il avait son programme sous un bras et, de l'autre, la paume de la main ouverte, il me désigna la table à laquelle m'attendait Chabrol, vers qui il me conduisit. La table était chargée d'un assortiment de divers pâtés : du foie de canard aux pistaches, du foie d'oie au porto, du lièvre en terrine et de la galantine en croûte. Chabrol n'avait encore rien entamé, mais sans verser dans le folklore chabrolien je peux dire quand même qu'en se levant pour m'embrasser, Claude Chabrol avait le regard brillant de celui qui se dit : « Enfin on va pouvoir commencer. »

Ça voulait dire deux choses : on va pouvoir commencer le film et on va pouvoir commencer à manger.

Il s'était visiblement donné du mal pour sélection-
ner les différents modèles de pâtés, mais il avait fait
plus. Il avait vraiment pensé à moi. Un petit transistor
était placé entre le foie de canard et la galantine en
croûte. Claude le mit en marche au minimum de sa
puissance, et ensemble, avant de parler de nos affaires
du lendemain, enfin des affaires d'Élisabeth Massot,
nous avons écouté les informations. On nous annonça
qu'à Amiens le jury délibérait toujours.

Quelques minutes plus tard, un jeune chasseur en
gris perle entra dans la salle à manger et s'en alla
murmurer quelque chose à l'oreille du maître d'hôtel
qui vint lui-même me murmurer à l'oreille qu'on me
demandait au téléphone.

Ça fait toujours très bon genre d'être demandée au
téléphone à peine installée dans un nouvel hôtel. Ça
fait encore meilleur genre quand l'appel porte le sceau
Long Distance qui confère à la nouvelle cliente le
brevet d'internationalisme parfaitement adapté à la
classe de l'établissement.

C'était un *Long Distance,* si on peut dire qu'Amiens
soit à une longue distance d'Aix-en-Provence sur une
carte du monde.

C'était Frédéric Pottecher. A peine avais-je raccro-
ché que Claude Durand m'appelait et, au milieu de
son coup de fil, la standardiste m'annonça que Philippe Boucher était sur l'autre ligne. Ils m'appelaient
chacun de leur côté de trois des cabines téléphoniques

provisoirement installées dans la grande Salle des pas perdus de l'antique palais de Justice d'Amiens, dans laquelle s'étaient jouées toute la semaine précédente des séquences de films américains des années trente, où l'on voit des reporters se disputer la priorité au « scoop ».

Pierre Goldman avait été reconnu innocent du crime pour lequel quatorze mois plus tôt il avait été jugé coupable et condamné à perpétuité, et je pouvais entendre, par-delà la voix de mes amis, des rires et des hurlements de joie que je me sentais bien frustrée de ne partager qu'à *Long Distance*.

J'avais sûrement cet air heureux et légèrement vaniteux de ceux qui sont les premiers détenteurs d'une bonne nouvelle (si la nouvelle est mauvaise, l'air est consterné mais la vanité reste invariable) quand je regagnai la table.

Claude avait le même air que moi. Pendant mon absence un flash était tombé, et c'est en buvant à la santé de celui qu'on avait mieux compris dans la Somme que dans la Seine, que nous avons enfin commencé à déguster notre premier repas dans ce cadre dont les raffinements ne vous auront pas échappé.

En m'endormant, ce soir-là, j'étais contente de la Justice de mon pays, et je me dis que c'était une bonne chose pour aborder le lendemain matin le premier cas de conscience d'Élisabeth Massot qui était, en fait, son cinquième.

C'est Mirabeau qui souhaite la bienvenue à ceux qui pénètrent pour la première fois dans le palais de Justice d'Aix-en-Provence. Il est de marbre, debout sur une stèle, érigé entre les deux branches d'un escalier d'honneur et de marbre aussi.

C'est Mirabeau que voient d'abord ceux que le mauvais sort a transformés, pour quelques heures ou quelques jours de leur vie, en plaignants, en justiciables ou en jurés.

Et c'est devant Mirabeau, qu'ils ne voient même plus, que passent et repassent tous les jours de leur vie ceux qu'un sort heureux, et l'aboutissement de solides études, a autorisés à se vêtir des habits de leur caste, les noirs pour les défenseurs, les rouges pour les justiciers.

Et c'est Mirabeau, forcément, qui réceptionna Élisabeth Massot qui n'avait droit ni aux titres ni aux costumes précités.

Des colonnades, le carrelage de marbre blanc ceinturé d'une grecque de mosaïque rose et noire, une galerie circulaire à la hauteur du premier étage, la lumière du jour dispensée par une coupole transparente posée comme une couronne de tsarine sur le faîte de cette grande maison carrée, le faisceau poussiéreux des rayons du soleil qui balayait d'est en ouest cet ensemble, comme un projecteur manipulé au ralenti, donnaient à ce péristyle l'apparence d'une place publique élégante, imaginée par un décorateur très soucieux de respecter la règle des trois unités pour une reprise d'*Iphigénie* dont les spectateurs, si toutefois ils se présentaient, seraient tous placés aux mezzanines.

Nos spectateurs à nous s'étaient présentés. Et, comme dans un tableau de Magritte ou de Folon, des petits bonshommes et des petites bonnes femmes en robes noires jabotées de linon blanc amidonné et plissé circulaient entre les colonnades, dans les escaliers et s'agglutinaient en grappes au balcon de la galerie, aussi curieux que des campagnards quand une équipe de cinéma vient s'implanter dans leur village.

J'avais cru naïvement que tout ce petit monde, dont l'univers était celui de la Justice, parlerait, ne serait-ce que ce matin-là, de ce qui s'était passé la veille chez les concurrents d'Amiens.

Un peu comme chez nous, les acteurs, nous parlons de l'échec ou de la réussite d'une générale, ou comme les varappeurs parlent d'une grande première dans les Jorasses, ou les cyclistes à la retraite de l'étape du Tour de la veille.

J'avais pensé qu'ils parleraient boutique, quoi !

Aix-en-Provence était encore bien plus à *Long*

Distance d'Amiens que j'avais pu le penser. Et la victoire remportée sur l'erreur judiciaire, victoire due en partie à Émile Pollack, l'enfant-père du pays, dont la silhouette et la crinière leur étaient si familières, était passée complètement inaperçue dans la maison de Mirabeau.

J'ai longtemps cru que Mirabeau avait été guillotiné. Et je m'apprêtais à faire mon intelligente en ironisant finement sur le fait que sa tête, une fois recollée par les soins de l'artiste qui l'avait statufié dans le marbre, avait comme une sorte de mauvais œil quand il se posait sur des délinquants des Bouches-du-Rhône.

En fait, je l'ai si longtemps cru, que je le croyais encore hier soir. J'allais commettre une erreur judiciaire, non, pardon, une erreur historique qui m'aurait ridiculisée à perpétuité.

Grâce au *Grand Larousse illustré*, je sais maintenant que, contrairement à ses camarades révolutionnaires, Honoré Gabriel Victor Riqueti, comte de Mirabeau, mourut dans son lit, en avril 1791, des suites d'une longue et douloureuse maladie honteuse, et mes quolibets de mauvais goût sur le mauvais œil qu'il aurait pu jeter sur quelques futurs décapités en instance de jugement par la cour d'assises d'Aix-en-Provence tombent à l'eau, pour ne pas dire dans la sciure.

Un papier pas plus grand qu'un avis de contravention pour mauvais stationnement était punaisé parmi d'autres à l'intérieur d'un cadre de chêne grillagé, comme ceux qu'on trouve fixés sur les murs de vieux bureaux de poste. Il était tapé à la machine, seuls un nom propre, un prénom et deux dates étaient écrits à la plume, une circulaire personnalisée, en quelque sorte. Ça disait, en des termes désuets mais très compréhensibles cependant, que Ranucci Christian, né le 6 avril 1954, avait été condamné à mort par la cour d'assises d'Aix-en-Provence, le 10 mars 1976.

Il la reçut le 28 juillet 1976.

Un peu plus loin, dans un autre cadre de chêne grillagé, d'autres papiers punaisés annonçaient les procès à venir.

Djandoubi Hamida n'était pas encore programmé. Ce serait pour le tournage du film de Claude Barma, et je ne suis pas près d'oublier la tête de Jean-Claude Dauphin quand il vint me raconter, en cette fin d'après-midi de février 1977 (le 25 exactement), comment il venait de voir entrer à *la Madeleine,* le bistrot d'en face, un homme jeune au visage éclatant de joie, qui criait à la cantonade avant de s'engouffrer dans la cabine téléphonique : « Ça y est, il l'a eue !... la mort... il l'a eue. »

Djandoubi Hamida devait la recevoir le 10 septembre 1977.

Il se trouvait que le cinquième cas de conscience d'Élisabeth Massot se référait souvent à l'image de la guillotine.

Dans cet avant-dernier volet d'une vie qu'elle n'avait pas encore vécue, la pauvre Élisabeth, traumatisée par ses expériences précédentes, était sujette à des hallucinations. Elles ne furent pas toujours comprises par le public, ni par une certaine critique de télévision, qui traita Chabrol « d'halluciné lui-même » quand ça n'était pas de « sinistre plaisantin ».

Nous n'étions, ni Chabrol, ni Benoît Ferreux, ni moi-même, des hallucinés et, si nous aimions à plaisanter, nous étions rarement sinistres. Obsédés peut-être par la peine de mort, sûrement même, mais des fous, je ne crois pas.

En tout cas, autrement obsédés que les jeunes greffiers et avocats stagiaires dont les obsessions, ce premier matin de tournage, étaient surtout fixées sur le maniement de la caméra, tandis que celles de leurs compagnes, les jeunes greffières et les jeunes avocates stagiaires, l'étaient sur les gestes rituels de Maud, tandis qu'elle me faisait ses raccords de maquillage.

Moi, j'étais assise dans mon fauteuil pliant d'actrice de cinéma. Je regardais Mirabeau, et je regardais l'escalier d'honneur dont les branches se rejoignaient sur la première galerie qui menait aux cabinets des juges d'instruction, et je jouais avec moi-même à un jeu dérisoire.

Est-ce que Gabrielle Russier avait choisi les marches de droite ou les marches de gauche, quand elle avait monté allégrement, la conscience pure et le cœur heureux, cet escalier d'honneur pour aller répondre à sa première convocation ?

Elle avait peut-être hésité une seconde, sous l'œil du débauché Mirabeau, et puis elle avait choisi et, en s'engageant dans sa montée, elle ne savait pas encore que là-haut, derrière une porte capitonnée, se préparait déjà la sinistre plaisanterie qui irait si loin qu'elle en mourrait.

Mais après tout j'étais actrice, et c'était bien normal que dans un décor je me laisse aller à imaginer comment le répertoire y avait été joué.

Alors, Gabrielle Russier, côté cour ou côté jardin ?

Et comme j'étais actrice, j'étais bien contente de voir arriver trois jeunes greffières que la vérité et l'authenticité passionnaient visiblement plus que l'utilisation astucieuse des différents coloris proposés par la firme « Max-Factor-fonds-de-teints-illusions-en-tout-genre... ». Elles m'avaient préparé des dossiers dans des chemises de diverses couleurs et m'expliquèrent patiemment comment les manipuler au cours des interrogatoires. Et si quelques téléspectateurs ont pu penser que je les ouvrais dans le mauvais sens, ils ont très bien pensé, à ceci près qu'un dossier d'instruction, à Aix-en-Provence en tout cas, s'ouvre toujours par la fin, c'est-à-dire sur les derniers indices recueillis.

Ces faux dossiers devaient donner du poids et de l'épaisseur au cartable noir que je ne cessai de transporter tout au long des six épisodes de la vie professionnelle d'Élisabeth Massot. Du cartable noir à l'attaché-case, il n'y a qu'un pas, me direz-vous, pour trouver un enchaînement élégant qui me permettrait de conclure.

Les faux dossiers étaient constitués de photocopies d'interrogatoires concernant des affaires vieilles de vingt ans. Les noms propres avaient été grillagés et comme les photocopies des mêmes premières pages avaient été tirées en nombres considérables, le sort du dénommé XXXXXXXXX né à XXXX sur XXXXXXXXX, comparaissant devant le juge d'Instruction XXXX XXXXXXXXXXXXXX pour répondre du meurtre de la dame XXXXX XXXXXXXXX, reste encore pour moi un mystère. J'ai trimbalé pendant des mois le début d'une tragédie dont je ne devais jamais connaître l'épilogue.

A propos d'épilogue (vous voyez bien que je le tiens mon enchaînement), c'est le dimanche que je renouai avec mon propre épilogue, amorcé à Amiens la semaine précédente.

Comme à Amiens, l'hôtel s'était vidé, non pas de « la bande » mais de ses cinéastes qui, en bande, s'en étaient allés sillonner les routes départementales des

Bouches-du-Rhône, et même du Var, à la conquête de redécouvertes gastronomiques soigneusement répertoriées depuis le vendredi soir.

Ils avaient délaissé la cantine. Eh ! oui, les glaces biseautées, les rideaux de Verrières, les discrets tintements d'argenterie et les grignotements des gentils écureuils (qu'il était fortement question de libérer nuitamment, en ouvrant la cage aux oiseaux dans laquelle ils n'avaient rien à faire, projet qui ne fut jamais mené à bien...), tout ça, on appelait ça la cantine, maintenant.

J'y déjeunai seule dans un petit recoin très éloigné de l'aquarium... J'avais mes raisons.

Un soir que je décortiquais aussi élégamment que possible la grosse pince d'un tourteau (S.G.) encore tiède, mon greffier Dauphin m'avait désigné ce bac transparent aux éclairages exotiques, que j'avais jusqu'alors pris pour une source de lumière décorative, et pointant son index sur une créature brunâtre qui stagnait au fond de l'eau parmi des bulles trop régulières pour être honnêtes, et une flore sous-marine naine, d'importation japonaise, il avait laissé tomber avec beaucoup de tristesse, d'amertume, et de reproche dans sa voix : « Et son frère... tu la vois, la tête qu'il te fait, son frère ? »

Donc ce dimanche, loin du vivier et dans mon recoin, je déjeunai seule à la cantine.

Elle se remplit peu à peu de clients du dimanche

venus en famille dans l'espoir de voir de plus près, et au repos, les éléments de cette troupe ambulante dont on signalait le passage dévastateur depuis le début de la semaine, aux quatre coins de la ville.

C'était elle qui rendait la circulation impraticable dans les grandes artères, et c'était elle qui assourdissait les paisibles habitants des ruelles piétonnières par des : « Silence... Partez... Coupez... Cachez-vous, Madame... On recommence... Silence... » hurlés dans des mégaphones.

Mais les oiseaux voraces avaient quitté le nid pour s'envoler vers de somptueux aïolis et d'étonnants pieds-paquets sortis le matin même, encore fumants, des abattoirs de Marseille, et il ne restait aux familles à se mettre sous la dent, si je puis dire, qu'une bonne femme aux cheveux gris et lunettée de noir, qu'elles n'identifièrent d'ailleurs qu'au moment où celle-ci émergea de son recoin pour remonter dans sa chambre. Et mise à part une dame, cliente de l'hôtel, que je croisai en bas de l'escalier au moment où elle emmenait son toutou faire une promenade dominicale au bout de sa laisse, et qui se pencha vers lui pour lui dire : « Eh bien tu es content, non ? Depuis le temps que tu voulais la voir... la voilà ! », on ne peut pas dire que je me fis remarquer.

En fin d'après-midi, repue, mais exténuée par les kilomètres avalés, et énervée par les attentes interminables qu'il lui avait fallu subir entre chaque nouvelle présentation de la spécialité « maison », dans des établissements bondés qu'elle se croyait seule à connaître (mais ça datait d'un tournage vieux de deux ans...), la troupe signala son retour par des claquements de portes sur le palier, suivis de gargouillements de plomberie qui annonçaient le déferlement des douches réparatrices.

C'est alors que Maud, qui n'est ni vorace ni particulièrement dévoreuse de kilomètres, et encore moins de pieds-paquets et absolument pas d'aïoli, fit son entrée dans sa salle de maquillage.

Elle s'en était allée avec eux parce qu'ils étaient gentils et aussi parce qu'elle ne voyait pas comment elle aurait pu priver les non-motorisés de sa belle auto matriculée GIG.

Elle avait, quant à elle, mangé une très bonne salade de tomates, concombres, carottes et fenouil, et de bons petits fromages de chèvre, et surtout, elle avait découvert une tisserande merveilleuse. Elle produisit un cache-col artisanal et hors de prix, entièrement confectionné par la main d'une poétesse parisienne et momentanément recyclée dans la laine sauvage, dont visiblement elle n'avait pas toujours été en mesure de réassortir les coloris.

Je savais déjà que ce cache-col flotterait le lendemain autour du cou de Maud, même s'il faisait très chaud, jusqu'au jour prochain où il irait rejoindre ses 223 petits camarades, ceinturons afghans, gilets turcs,

casquettes pragoises, djellabas marocaines, boutons
d'argent ciselés par des réfugiés chiliens, et étoles
crochetées par des handicapés mentaux du Dijonnais,
qui s'entassent probablement dans une autre cantine,
qui s'appelle peut-être aussi « au cas où » mais qui,
elle, reste dans sa maison.

Quoi qu'il en soit, lorsque Maud pénétra dans son
domaine, elle me trouva devant la machine. Elle
sourit.

Elle commençait à y croire. Nous n'étions plus à
Orléans. J'avais vraiment travaillé.

Pourquoi, pendant cette chaude après-midi proven-
çale et provinciale, est-ce Puteaux et Courbevoie que
j'ai revus tout au bout de la route de Quarante Sous, et
la statue de la Défense, et mes petites condisciples
sages, pauvres et studieuses, sautant sur la plate-
forme de leur autobus, pour rentrer plus vite faire
leurs devoirs et avoir le temps d'aller « aux commis-
sions » qu'elles rapporteraient dans les deux-pièces-
cuisine de leurs parents, alors que nous flânions à
travers les larges avenues de nos beaux quartiers en
nous raccompagnant mutuellement devant les portes
cossues de nos grands immeubles de petites bourgeoises ? Je n'en sais rien. Mais c'est pourtant tout ça que
je revis dans ce dimanche après-midi, alors que, sous
mes yeux, par la fenêtre ouverte sur le jardin, je
n'avais que des pins parasols, des platanes, des

orangers, des citronniers, des touffes de lavande et des lauriers en fleur.

J'avais bien travaillé, mais je n'avais pas fini, et je pouvais difficilement continuer à me faire croire qu'on était toujours en avril et des poussières (méthode Ajar).

Il y eut quelques autres dimanches, bien sûr. Mais ces dimanches-là furent souvent employés à apprendre les pages du texte d'Élisabeth Massot, qui parlait énormément et qui ne pouvait pas se permettre dans sa situation d'avoir l'air de chercher ses mots. Alors, ces dimanches-là, je n'avais plus envie de chercher les miens non plus, après avoir digéré les siens.

Et puis il y eut aussi des dimanches où, moi aussi, je m'en allais en bande faire du tourisme culinaire, et de la chine chez des brocanteurs occitans qui nous voyaient venir de loin avec nos gros sabots de Parisiens.

Et puis, comme ça, juin arriva et juin passa.

Et juillet arriva et passa presque.

C'est à Paris, la fenêtre grande ouverte devant les marronniers de la place Dauphine, sur la table où Catherine faisait autrefois ses devoirs d'écolière, sans machine, et sur le même calepin à spirale qui m'avait servi dans les débuts tâtonnants de cette aventure, un crayon-feutre rouge à la main, que je décidai d'en finir.

Ce n'était pas un dimanche, c'était très tard dans la

nuit et il faisait si chaud, en cette fin de mois de juillet 1976, que personne ne semblait pouvoir dormir.

Des îliens étaient assis sur le banc et parlaient à d'autres îliens qui étaient à leurs fenêtres, et c'est parmi eux que j'écrivis timidement, en lettres bâtons, le mot FIN.

Autheuil, Saint-Paul, Paris,
Quiberon, Autheuil,
1977-1979.

Table des matières
des matières
des tables

Documents...

LA LETTRE DE MAURICE PONS
À ANNE GAILLARD

11 mai 1977.

Madame,

J'ai entendu dans la consternation les propos aberrants que vous et vos invités avez tenus au micro lors du Festival de Nice, à propos du livre de Simone Signoret.

Ces propos étaient offensants, et je peux imaginer combien douloureux, pour elle. Je ne sais pas comment elle réagira de son côté, mais d'ores et déjà, en mon nom personnel, je vous demande instamment de les démentir au plus vite, et de donner à votre démenti la même audience qu'à vos calomnies.

Je suis bien placé pour affirmer, et au besoin vous prouver, que je n'ai pas écrit, ni ré-écrit une ligne du livre de Simone S. tel qu'il a été publié par les éditions du Seuil. Je croyais m'en être très clairement expliqué dans l'avant-propos que j'ai rédigé, et signé, pour ce livre. Simone Signoret elle-même le dit très bien dans le chapitre XIV. Mais apparemment vous et vos invités ne les avez pas lus — ou ce qui est pire vous mettez en doute la sincérité de nos déclarations écrites et signées.

Cela n'est pas acceptable.

Je vous prie de croire, Madame, à l'expression de mes salutations distinguées.

LA CHANSON

(by courtesy of Jean-Christophe Averty esq.)

Paroles de Bouchaud (dit Dufleuve).
Musique de Raoul Georges.

IMP. BUSSIÈRE A SAINT-AMAND (CHER).
D.L. 1er TRIM. 1981. No 5750 (2598).

Collection Points